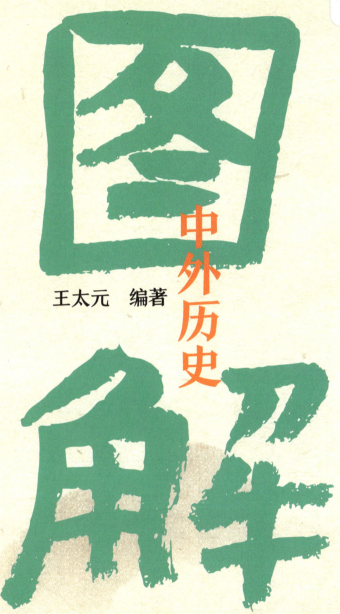

图解中外历史

王太元 编著

中国地图出版社
·北京·

图书在版编目（CIP）数据

图解中外历史 / 王太元编著 . -- 北京 ：中国地图出版社，2025．2．-- ISBN 978-7-5204-4325-8

Ⅰ．K108

中国国家版本馆 CIP 数据核字第 2024VV1722 号

图解中外历史

TU JIE ZHONGWAI LISHI

出版发行	中国地图出版社	邮政编码	100054
社　　址	北京市西城区白纸坊西街 3 号	网　　址	www.sinomaps.com
电　　话	010-83490076　83495213	经　　销	新华书店
印　　刷	河北环京美印刷有限公司	印　　张	8.25
成品规格	165mm × 225mm		
版　　次	2025 年 2 月第 1 版	印　　次	2025 年 2 月河北第 1 次印刷
定　　价	78.00 元		
书　　号	ISBN 978-7-5204-4325-8		
审 图 号	GS（2024）2490 号		

* 本书中国国界线系按照中国地图出版社 1989 年出版的 1∶400 万《中华人民共和国地形图》绘制。

前言

中学生正处于价值观确立的关键时期，而历史学习有助于他们形成正确的历史观、民族观、国家观、文化观。毫无疑问，中国历史是他们学习的重点，但世界历史的学习也不应忽视。中国史的学习让学生认识祖国的发展脉络，而世界史的学习可以培养他们的大局观，帮助他们理解不断进步的中国与世界的关系。

为了满足广大中学生的学习需求，《图解中外历史》的作者把中国史与世界史按照时间顺序交叉排列，方便读者对照阅读。比如，中国史中的夏、商、西周与世界史中的亚非欧古代文明大致处于同一时代，所以有关内容在本书中先后排列。读者读完前者，紧接着阅读后者，可以在全球史观下逐步建立对中国史的认识。

《图解中外历史》共 30 个单元，其中中国史 13 个单元，世界史 17 个单元。每个单元分为“时代总述”“历史长河”“历史大事与历史现象”3 个专题。“时代总述”讲解有关时代的历史特点、知识要点和发展线索；“历史长河”浓缩了历史精华，帮助读者快速掌握历史大事发生的时间；“历史大事与历史现象”详述有关时代重要事件、现象的发展过程和意义。

此外，全书通过多幅历史地图展现重要文明、政权的空间分布和重要事件的地理进程，配以精美图片，力求帮助读者在学习历史时达到事半功倍的效果。

目录

图例 •城邑 ▪古迹 ▲山峰

2 夏朝、商朝和西周
6 亚非欧古代文明的发展
10 春秋
14 古代希腊城邦
18 战国
22 马其顿东侵及其后的西亚和北非
26 孔雀王朝
30 秦朝和西汉
36 罗马共和国
40 东汉
44 罗马帝国极盛时期
48 三国两晋南北朝
54 罗马帝国的分裂和西罗马帝国的灭亡
58 亚欧民族大迁徙
62 481—614 年的法兰克王国

66
隋朝和唐朝

72
查理帝国

76
辽朝、两宋、西夏和金朝

82
蒙古汗国

86
9—11 世纪的拜占庭帝国

90
元朝

94
欧洲文艺复兴

98
明朝

102
15 世纪的奥斯曼帝国

106
清朝

110
17 世纪英国资产阶级革命

114
中华民国

118
第二次世界大战

122
中华人民共和国

126
欧盟

夏朝、商朝和西周

夏朝全图

时代总述

约前 2070 年，夏后氏部落领袖禹建立了中国历史上的第一个王朝：夏朝。在位时，禹平定了在南方叛乱的三苗部落，增强了自己的威望。禹曾选定东夷族的伯益为继承人。禹死后，他的儿子启自继王位，杀伯益，确立了君主世袭制度。当王位传到桀时，夏朝的统治走向了末路。桀生活奢侈，为人残暴，毫无爱民之心，人民对他的暴政忍无可忍。此时，黄河下游的部落“商”开始崛起。商的首领汤起兵讨伐桀，桀兵败于鸣条，夏朝就此灭亡。在此基础上，汤建立了商朝。

在王朝的早期，商曾多次迁都。盘庚即位时，商朝内乱频繁，政治腐败，国势衰落。为了摆脱困境，盘庚于约前 1300 年将国都从奄迁至殷，

商朝全图

使商复兴。从此，商朝长期以殷为都城，所以商又称“殷商”。商朝的农业比较发达，出现了规模较大的早期城市，创造了以甲骨文、青铜器为标志的灿烂文明，成为当时世界上的文明大国。纣王当政后，他不理朝政，偏信宠妃妲己，横征暴敛。有的大臣反对他的荒唐行为，竟被施以残酷的炮烙之刑。此时，位于岐的诸侯国“周”正日渐强大。经过一番征伐，周的国君周文王（姬昌）取得了“三分天下有其二”的局面。周文王死后，他的次子周武王（姬发）即位。前 1046 年，周武王率大军讨伐纣王，进抵牧野。由于纣王的暴政，商军在阵前倒戈。周武王趁机灭商，建立了周朝，因其国都镐京在东周国都洛邑的西面，所以一般被称为“西周”。

西周的农业比商朝发达，农产品种类更多，手工业也有发展。为了巩固统治，西周实行分封制和宗法制。在此基础上，西周社会形成了“天子—诸侯—卿大夫—士”的贵族阶级。周厉王当政时，他任用荣夷公执政，垄断山泽物产，并命令卫巫监视国人，杀死议论他的人，引起反抗。

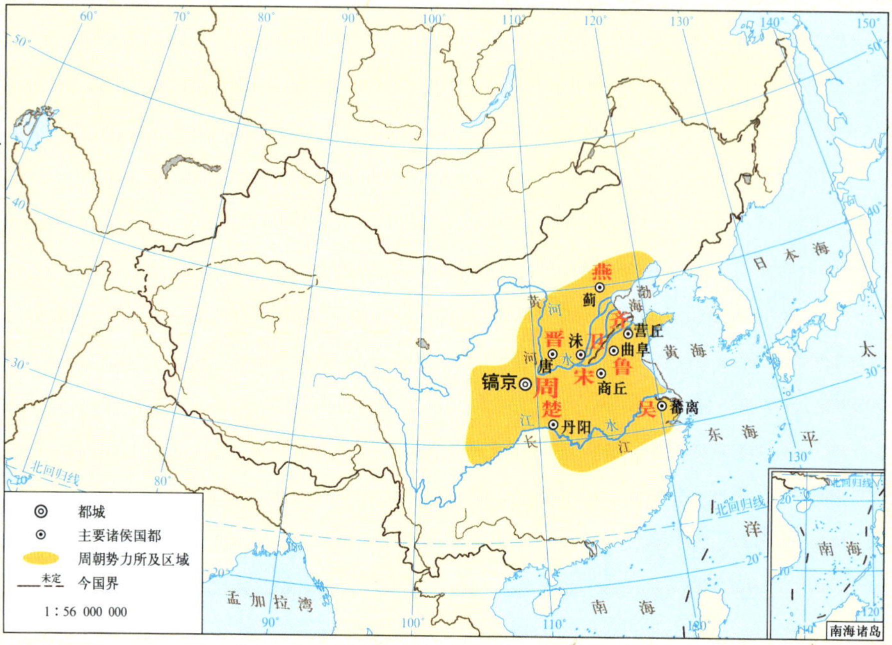

西周全图

前 841 年，国人发难，周厉王被驱逐，共国国君和受诸侯拥戴，代行王政。14 年后，周宣王即位，政权回到周王室手中。西周的最后一位国君是周幽王。他任用虢石父，为政严酷。周幽王立宠妃褒姒之子伯服为太子，废申后和太子宜臼。前 771 年，申后之父申侯联合缯侯、犬戎等伐周，杀周幽王，西周灭亡。

历史大事与历史现象

世袭制的确立

前 2070 年，禹在阳城建立夏王朝。按照部落禅让的传统，禹推举伯益做自己的接班人。不过，伯益并非没有竞争者。禹的儿子启十分能干，而且具有一定的政治影响力。为了争夺王位，他暗自笼络了一些部落首领，形成了自己的派系。禹去世后，启与伯益争权，杀伯益，继承了王位。自此之后，禅让制被终结，中国古代进入“家天下”的历史时期。

最古的文字体系

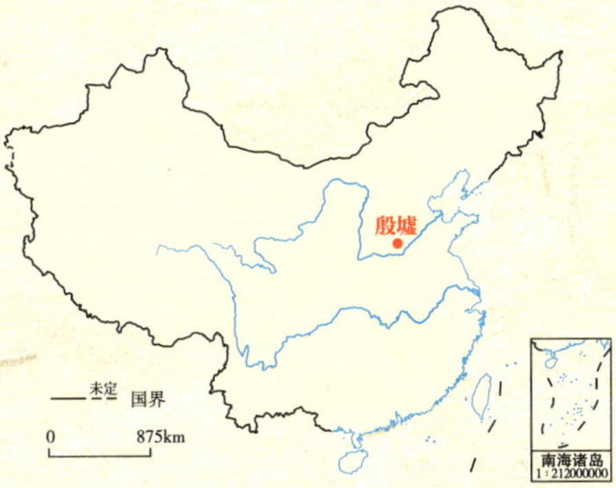

甲骨文亦称“契文”“龟甲文字”“殷墟文字”。在商朝，上层社会利用龟甲兽骨占卜吉凶时，会在甲骨上刻写卜辞和与占卜有关的记事文字，这就是甲骨文。最初，甲骨文出土于河南安阳小屯村的殷墟，清光绪二十五年（1899 年）才被学者发现。已发现的甲骨文单字在 4500 字左右，可认识的约 1700 字。甲骨文的文字结构不仅已由独体字向合体字发展，而且有了大批形声字，是一种相当进步的文字，但多数字的笔画和部位还没有定型。在可识的汉字中，甲骨文是最古的文字体系。

共和行政

前 841 年，西周发生了国人暴动，周厉王被迫出逃，共国国君和摄行王事，即共和行政，共 14 年。周厉王死后，和归政于周宣王，并回归共国。

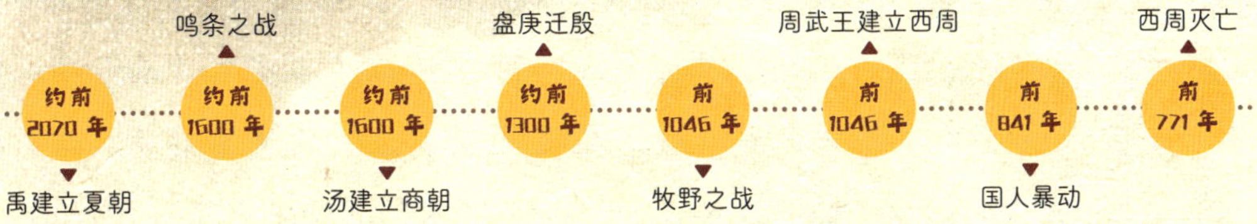

亚非欧古代文明的发展

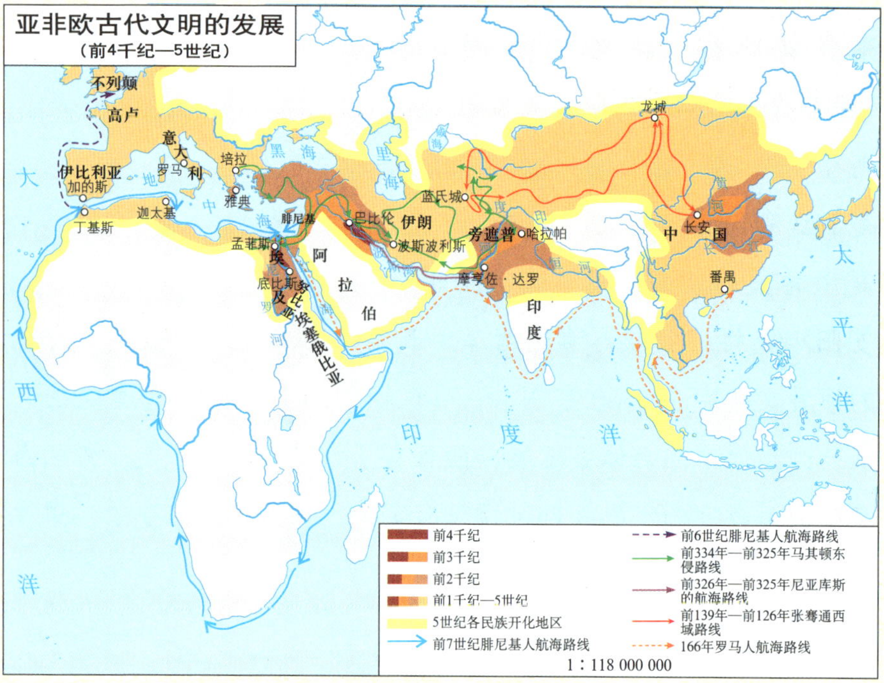

时代总述

三四百万年前，人类出现。人类最早的文明是在适合农业耕作的大河流域产生的，亚非地区的尼罗河流域、两河流域、印度河流域、黄河流域和长江流域是人类文明的重要发祥地。在欧洲，古代希腊是其文明发祥地。

古埃及位于非洲东北角，世界上最长的河流尼罗河贯穿其南北。每年尼罗河定期泛滥，当洪水退去后，在两岸留下肥沃的黑色淤泥，非常有利于农业生产。约从前 3500 年开始，尼罗河下游陆续出现了若干小国。前 3100 年左右，古埃及初步实现了统一。在法老图特摩斯三世统治时期，古埃及成为强大的军事帝国。此后，这个国家几度分裂，并不断遭到外族入侵。前 525 年，波斯帝国吞并古埃及。后来，亚历山大帝国和罗马帝国先后占领古埃及。古埃及文明没有延续下去。

两河流域的“两河”指西亚的幼发拉底河和底格里斯河。两河流域又称“美索不达米亚”，意即“两河之间的地方”，大体上是以今天伊拉克首都巴格达为中心的狭长地带。约从前 3500 年开始，两河流域南部逐渐产生了一些以城市为中心的小国，它们之间混战不止。古巴比伦王国原是幼发拉底河中游的一个小国。前 18 世纪，第 6 代国王汉谟拉比完成了两河流域中下游地区的统一事业，建立了强大的奴隶制国家。

古代印度文明最早出现于印度河流域。印度河发源于青藏高原，流经今巴基斯坦境内，入阿拉伯海，水量丰沛。印度河流域的哈拉帕和摩亨佐·达罗等早期文明遗址，年代约为前 23 世纪—前 18 世纪。这一文明一度繁荣，后来因不明原因衰亡。前 1500 年左右，来自中亚的一支游牧部落侵入印度，他们自称雅利安人。这个部落陆续定居在印度河流域和恒河流域，并从事农业生产。

古埃及象形文字

亚非欧地区的古国创造了辉煌灿烂的文明成果，如古代埃及的象形文字和金字塔，古代两河流域的楔形文字和《汉谟拉比法典》，古代印度的梵文和佛教，中国的甲骨文和青铜器，古代希腊的民主政治。这些古国为世界文明的发展做出了杰出的贡献。

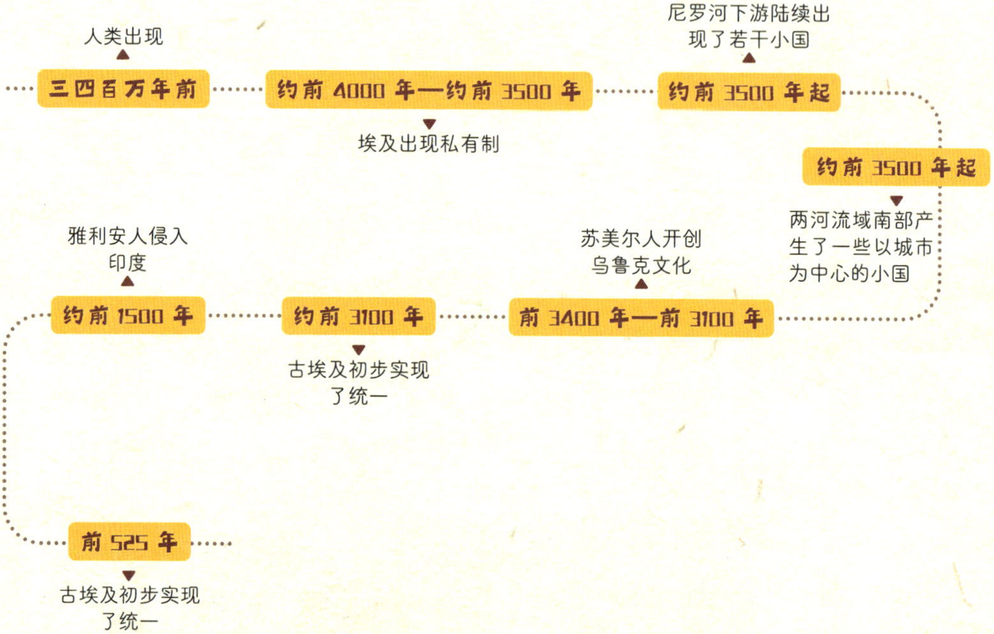

历史大事与历史现象

法老的统治

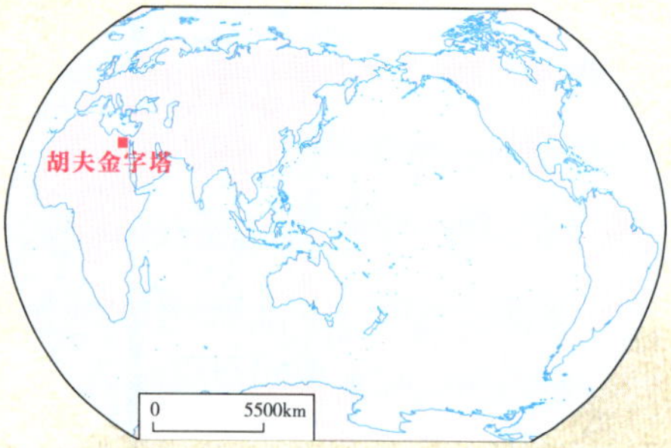

胡夫金字塔是古埃及重要的金字塔。金字塔的修建反映了法老的无限权力。“法老”是希腊语 pharaoh 的音译，本意为“大宫殿”，后来被古埃及人用来称呼国王。作为古埃及的最高统治者，法老集军、政、财、神等大权于一身。法老地位崇高，自称“太阳神之子”，具有无上权威。

《汉谟拉比法典》

《汉谟拉比法典》是古巴比伦国王汉谟拉比颁布的，也是迄今已知世界上第一部较为完整的成文法典。它被刻在一块黑色石柱上。除前言外，正文共有282条，内容十分广泛，清晰地反映了古巴比伦社会的情况。

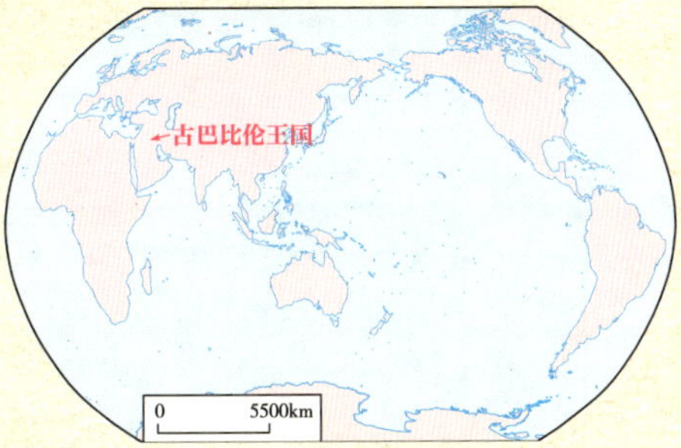

从《汉谟拉比法典》中可知，古巴比伦存在3个严格的社会等级：拥有公民权的自由民、无公民权的自由民和奴隶。家庭奴隶制是古巴比伦的一大特征，男性家长对奴隶有生杀予夺之权，对妻子儿女有绝对权威，在欠债时甚至可以将妻儿送去抵债。同时，法典中有许多关于租赁、雇佣、交换、借贷等方面的规定，说明商品经济在古巴比伦比较活跃。

释迦牟尼创立佛教

前6世纪，乔达摩·悉达多创立了佛教。他本是印度北部迦毗罗卫国释迦族的王子。据说，当看到走投无路的乞丐、痛苦不堪的病人、暴露于荒郊的尸体，他受到极大震撼，感到人生皆苦，于是下决心寻求解脱人生苦难的道路。乔达摩·悉达多离家修行，后来创立佛教，他被称为“释迦牟尼”。

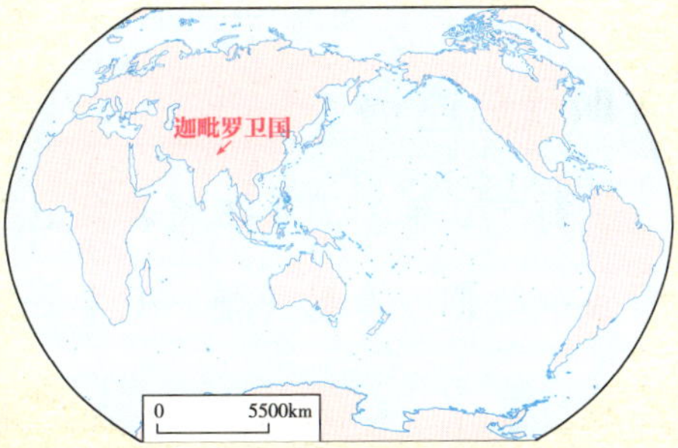

春秋

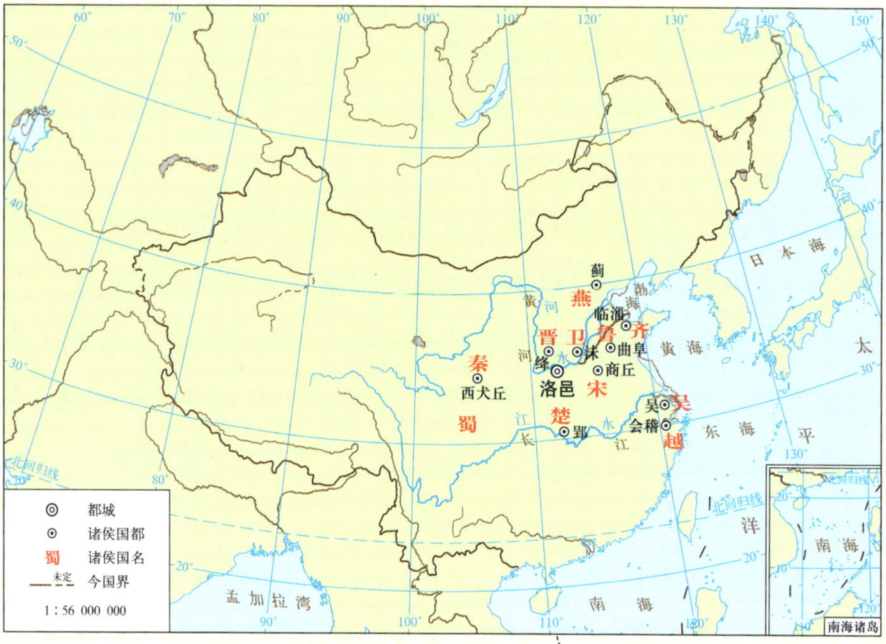

春秋全图

时代总述

前770年，周平王将都城迁到洛邑，建立了东周。东周分为春秋和战国两个时期，春秋（前770年—前476年）因鲁国编年史《春秋》一书而得名。

平王东迁后，周王室的统治力大减，直接管辖的地区仅在洛邑一带。周王虽然在名义上仍是天下共主，但已无力控制诸侯。诸侯国则各自为政，也不再定期向天子纳贡，致使周王室在财政上陷入困境，甚至要依赖诸侯国的经济支持。

在这种情况下，有实力的诸侯打着“尊王攘夷”的旗号谋求霸权。

“尊王”，即拥护周天子为天下共主。“攘夷”，即抵御周边各族对中原的攻扰。在这股政治潮流中，齐桓公、晋文公、秦穆公、楚庄王等先后称霸，号令诸侯。到了春秋末期，位于长江下游的吴国和越国也先后北上争霸。

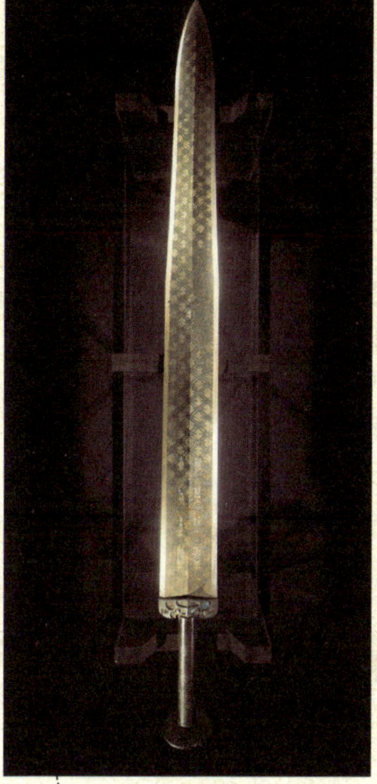

越王勾践剑

在争霸的过程中，有的诸侯国被灭掉，一些强大的诸侯国的疆域不断扩展。与此同时，早期的华夏族与戎、狄、蛮、夷等民族不断交往、斗争，促进了大规模的民族交融。

铁制农具和牛耕的出现，是春秋时期农业生产力水平提高的重要标志。与此同时，手工业的规模不断扩大，青铜业、冶铁业、纺织业、煮盐业以及漆器制作等都有所发展。随着产品的增加，商业活动活跃起来，商品交换市场增多，金属货币的使用范围增大。

春秋也是思想文化非常活跃的时期。在这一时期，老子和孔子是思想界的代表人物。老子姓李名耳，生于春秋末期，是道家的创始人。他的代表作是《老子》（又名《道德经》）。相传，孔子曾向他问礼。老子倡导“道法自然”，这一思想是对天神意志的否定，对唯物主义自然观的发展有重要影响。

孔子名丘，字仲尼，是儒家学派的创始人。他的核心思想是“仁”，认为“仁”是处理人与人关系的最高行为准则和道德规范。孔子还开创了私人讲学的传统，主张“有教无类”。孔子的学说主要记载在他的学生纂辑的《论语》中。

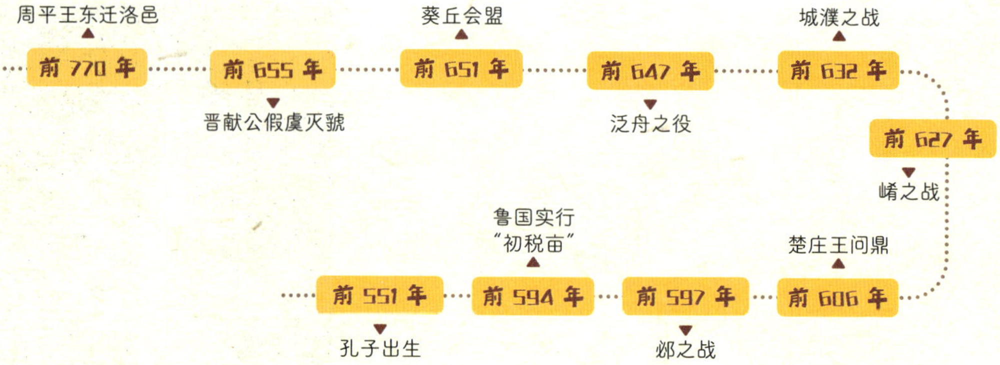

历史大事与历史现象

平王东迁

西周灭亡后，诸侯联军打败犬戎，拥立废太子宜臼为王，史称“周平王”。镐京残破，犬戎虽然暂时受挫，却时刻窥伺镐京。前770年，平王得晋、郑、秦和其他诸侯之助，迁都洛邑，这成为东周的开端。

铁制农具和牛耕的出现

春秋时期，人们已经用铁制农具耕种土地。在湖南、河南、江苏等地的春秋墓葬中，出土了一批铁制农具。铁元素在地壳中的含量较多，再加上冶炼技术的进步，为铁制农具的大规模生产提供了物质基础和工艺保障。此外，至迟在春秋末年，人们已使用牛来耕地。与人相比，牛的力量更大，可以更轻松地完成耕作任务。铁制农具和牛耕的出现，促进了农业上的深耕细作。在这一背景下，“私田”不断出现，与之相对的是“公田”

的没落和井田制度的逐步瓦解。

尼山圣境的孔子巨像

孔子"仁"的思想

孔子认为，"仁者爱人"，人要有爱心和同情心。那么，如何做到"爱人"呢？"入则孝，出则悌"，爱自己的父母、兄弟姐妹；"己欲立而立人，己欲达而达人"，就是要帮助他人，大家一起进步；"己所不欲，勿施于人"，自己不想要的，不要强加于别人。

古代希腊城邦

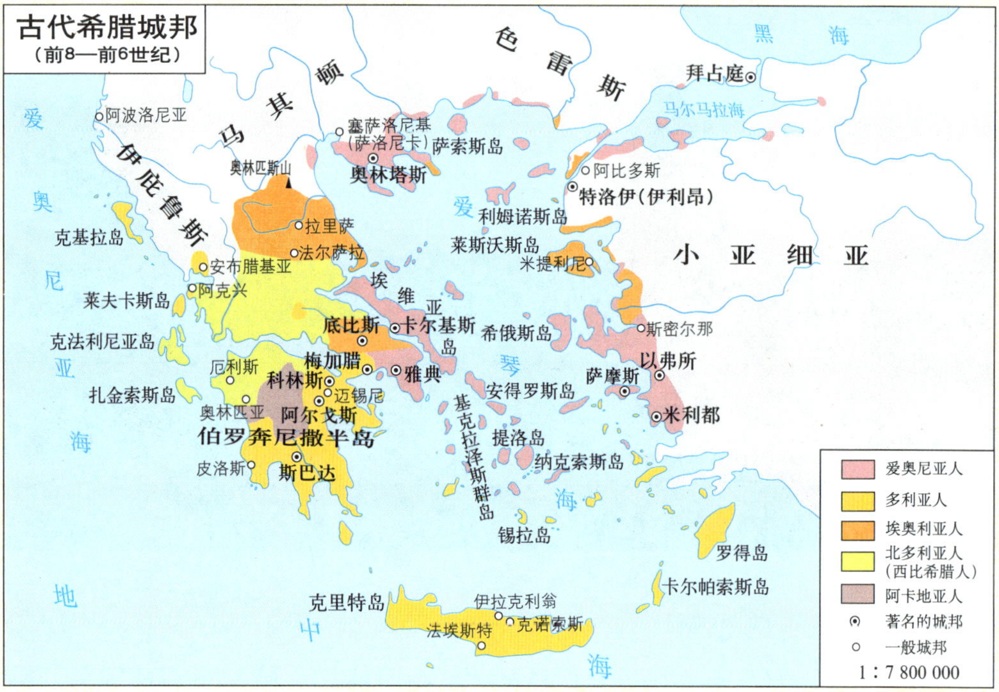

时代总述

古代希腊的地理范围大致包括希腊半岛、爱琴海诸岛、小亚细亚西岸、黑海沿岸、意大利南部以及西西里岛等地区。古代希腊的地理环境呈现环海、多山、多岛屿的特点，这个地区的平原面积很小，耕地十分有限。一方面，多山不利于希腊内部的联系，影响了其统一进程。另一方面，希腊的海岸线曲折，港湾众多，岛屿密布，适宜航海业和海外贸易的发展。

前 8 世纪，希腊出现了城邦。所谓“城邦”，即以一个城市或城镇为中心，把周围的农村联合起来，组成一个小国。希腊城邦的突出特点是“小国寡民”，有的小城邦甚至只有几百名公民。斯巴达是最大的城邦，其领土也只有8400平方千米。

希腊城邦的居民分为公民和非公民。只有公民才能占有土地，占有一定数量的土地也是公民权的必要保障。参军打仗是公民的义务。城邦的宗教活动、节庆演出、文体竞赛都以公民为主体。非公民包括外邦人和奴隶。外邦人虽然是自由人，但没有政治权利，不能占有土地。奴隶几乎没有任何权利和自由。公民与非公民是统治与被统治的关系，二者界限分明。

城邦的经济形态以前8—前6世纪形成的希腊城邦奴隶制经济为典型。当时，古代希腊出现了与旧的氏族贵族对立的工商业奴隶主阶层。城邦铸造货币，各城邦间的贸易空前发达。雅典是著名的工商业城邦，最大的农业城邦为斯巴达。前4—前2世纪，大奴隶作坊和大田庄制度的盛行，破坏了城邦原有的社会经济基础，加之各城邦间的矛盾尖锐化、奴隶的反抗以及各城邦在反对马其顿战争中的失败，希腊的城邦经济渐趋衰退。

前6—前4世纪，希腊社会的政治、经济发展，产生了丰富多彩的文化。历史学方面，希罗多德和修昔底德都是名家。在艺术领域，许多雄伟壮丽的建筑物以多利安式、爱奥尼亚式和科林斯式的列柱回廊为特点，并饰以精美的浮雕。雕刻家菲狄亚斯享有盛誉。哲学方面，德谟克利特与柏拉图分别是唯物论与

柏拉图雕像

唯心论的代表。亚里士多德不仅在哲学、逻辑学等方面有建树，而且在科学领域做出了贡献。在“希腊化时代”（前4—前1世纪），科学特别是数学、物理学和天文学获得显著发展，欧几里得、阿基米德、阿里斯塔克等均有重要的研究成果。

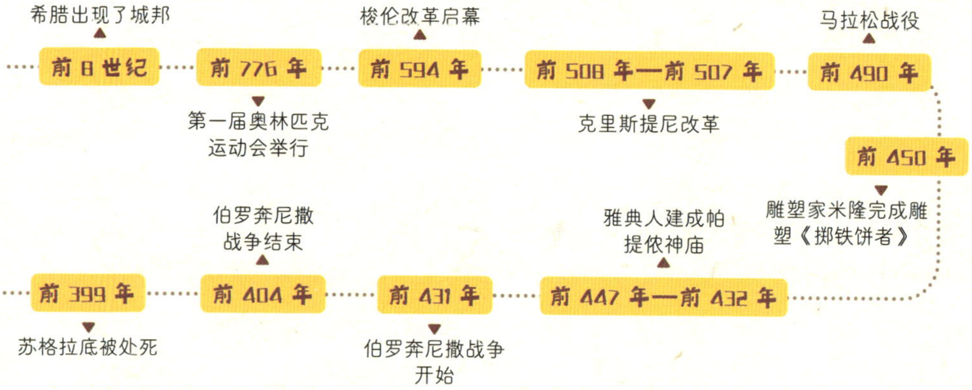

历史大事与历史现象

伯里克利改革

伯里克利雕像

前5世纪中后期，伯里克利主政雅典城邦。这一时期，雅典达到全盛，奴隶制民主政治也发展到了高峰。

伯里克利扩大了公民的权利，公职人员几乎都是从全体公民中抽签产生的，这保证了公民参政的机会。代表各地的10个主席团轮流主持城邦的日常事务，召集公民大会。公民大会是最高权力机构，具有立法、司法等多种职能。为了保证贫穷公民参政议政，伯利克里还建立了津贴制度。

伯罗奔尼撒战争

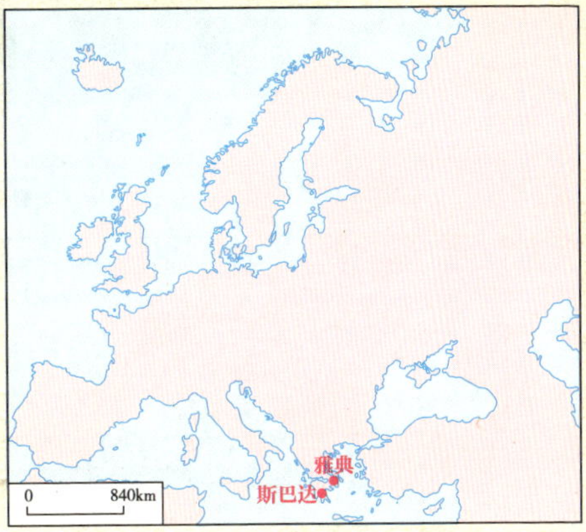

伯罗奔尼撒战争是以斯巴达为首的伯罗奔尼撒同盟和以雅典为首的提洛同盟间的战争（前431年—前404年）。双方争夺希腊地区的霸权是战争爆发的主要原因，最后斯巴达获胜。战争结束后，双方缔约：雅典交出舰船，解散提洛同盟。战争使希腊社会经济遭到严重破坏，希腊古典文明亦由强盛走向衰落。

战国

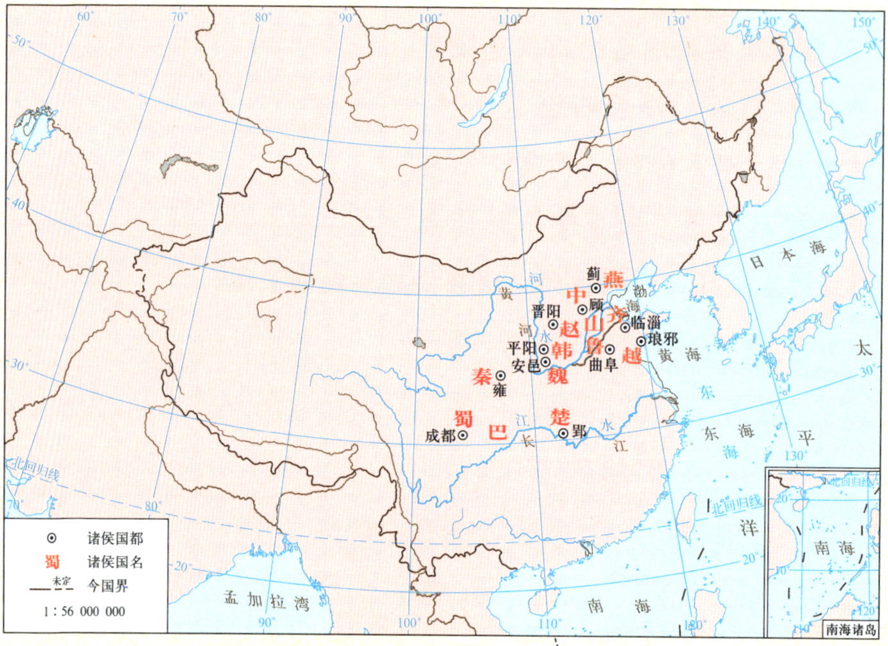

战国全图

时代总述

战国是前475年至前221年的历史，因《战国策》一书而得名。经过春秋近300年的纷争，大部分小诸侯国被兼并，几个大诸侯国左右着政局，维系周王室统治的各种制度已经完全崩溃。战国初年，晋国被韩、赵、魏三家大夫瓜分，齐国由大夫田氏取代。当时，诸侯国有十几个，其中齐、楚、燕、韩、赵、魏、秦七国的势力较强，史称“战国七雄”。

战国时期，强大的诸侯已不再打着“尊王攘夷”的旗号，而是各自为政，扩充军队，力图拓展疆域。七国都拥有强大的军队，相互之间展开战争。当时的战争规模很大，参战兵力多，交战区域广，持续时间长。中国历史上的一些著名战役，如桂陵之战、马陵之战和长平之战等都发生在这一时期。

七雄之间的兼并战争连绵不断，越来越激烈。战国中期以后，各诸侯国的势力此消彼长，魏国、齐国、赵国、秦国先后崛起，其他几国逐渐衰落。尤其是地处西部的秦国，逐渐成为实力最强大的诸侯国，对东方六国构成威胁。

各诸侯国为了富国强兵，在兼并战争中取胜，纷纷实行变法改革，其中最有名、成效最大的是秦国的商鞅变法。商鞅推行了一系列改革措施，使秦国的国力大为增强，提高了军队的战斗力，为以后秦国统一全国奠定了基础。战国后期，秦国注重兴修水利，在成都附近的岷江上修建了都江堰，这座综合性的水利枢纽让成都平原成为沃野。

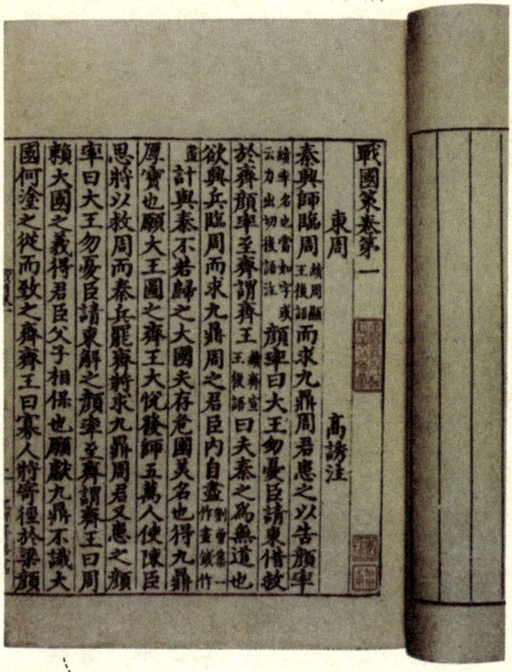
戰國策卷第一
東周 高誘注
秦興師臨周而求九鼎周君患之以告顏率
顏率曰大王勿憂臣請東借救
於齊顏率至齊謂齊王曰夫秦之爲無道也
欲興兵臨周而求九鼎周之君臣內自畫
計與秦不若歸之大國夫存危國美名也得九鼎
厚寶也願大王圖之齊王大悅發師五萬人使陳臣
思將以救周而秦兵罷齊將求九鼎周君又患之顏
率曰大王勿憂臣請東解之顏率至齊謂齊王曰周
賴大國之義得君臣父子相保也願獻九鼎不識大
國何塗之從而致之齊齊王曰寡人將寄徑於梁顏

明抄本《战国策》书影

战国时期，学术思想领域非常活跃，形成了不同的学派，史称“诸子百家”。其中，墨家、儒家、道家、法家等学派的影响较大。当时，各学派的代表人物聚众讲学，研讨学术，著书立说。他们提出各种政治主张和治国方略，希望用自己的学说解决社会问题。各学派在思想上、政治上的观点不同，同时又相互影响，取长补短。这一思想文化的繁荣局面，史称“百家争鸣”。

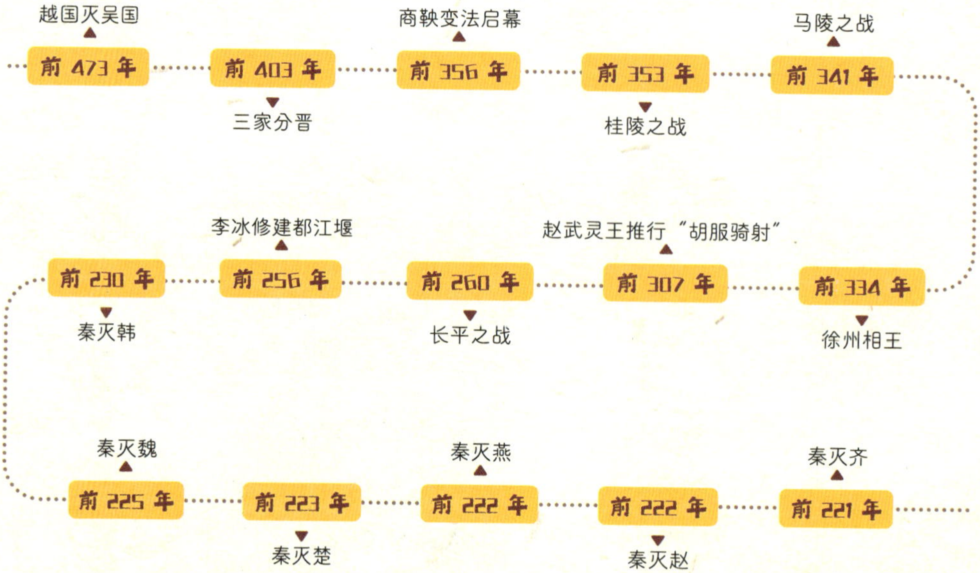

历史大事与历史现象

商鞅变法

商鞅是卫国人，本姓公孙，名鞅，亦称卫鞅。后来，他因功被秦国封于商，因称“商鞅”。前 356 年，秦孝公任用商鞅实行变法：重农抑商，奖励耕织与垦荒，生产粟帛多者可免徭役；废除贵族世袭特权，制定按军功大小授予爵位的制度；采用李悝《法经》作为法律，推行连坐法。

前 350 年，秦国迁都咸阳，商鞅进一步变法：合并乡邑为三十一县；废除井田制，准许土地买卖；创立按丁男征赋的办法，规定一户有两丁男者必须分居，否则加倍征赋；颁布法定的度量衡器，统一度量衡制。

商鞅先后两次变法，奠定了秦国富强的基础。

都江堰

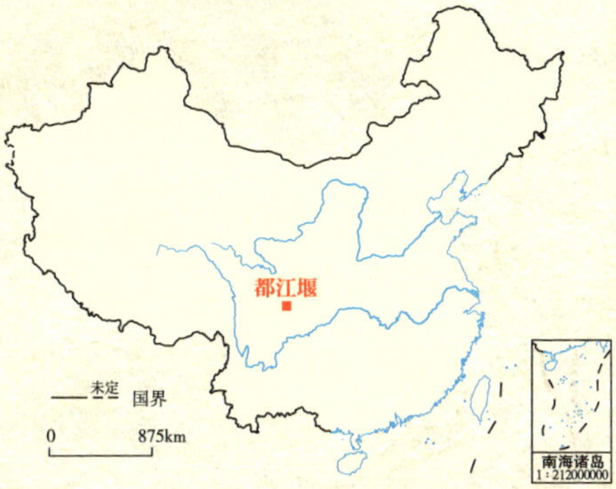

前 256 年，秦国蜀郡太守李冰修建了都江堰水利工程。都江堰充分利用当地的地势和河道，通过鱼嘴、宝瓶口和飞沙堰三个主体工程，成功地控制了岷江的水流，既避免了洪水灾害，又提高了灌溉效率，将成都平原变成了“天府之国”，当地的农业生产得到了极大的发展。

马其顿东侵及其后的西亚和北非

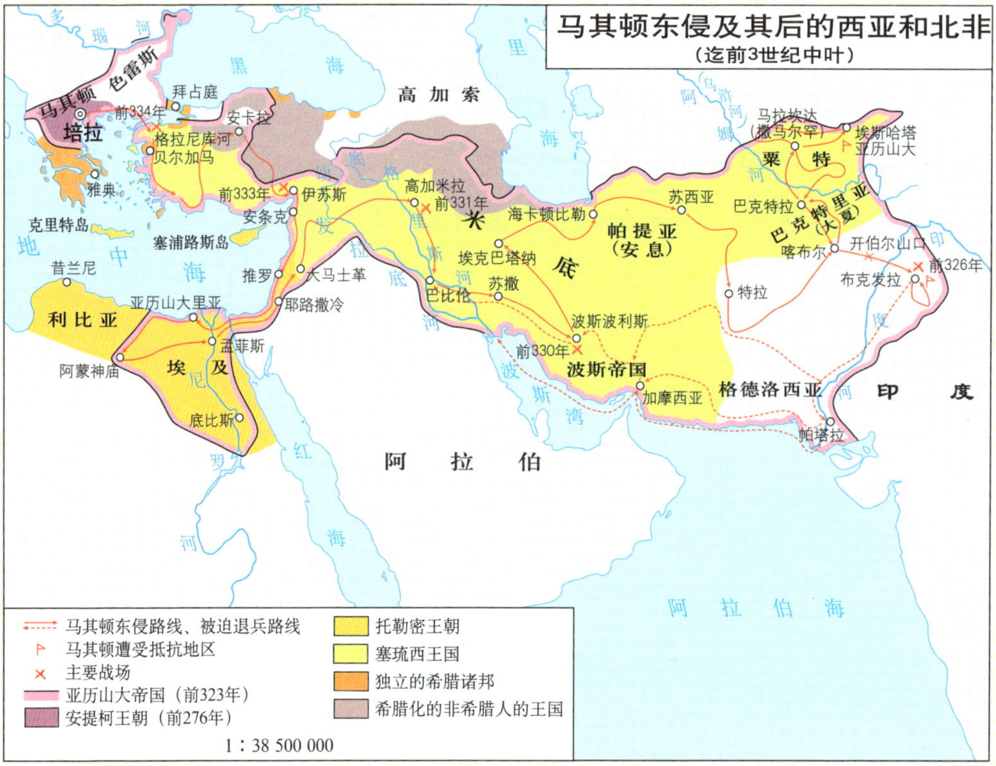

时代总述

前 4 世纪，希腊北部边陲的马其顿成为军事强国。前 334 年，马其顿国王亚历山大率领 3.5 万大军入侵波斯帝国。波斯国王大流士三世亲率 10 万大军，在叙利亚的伊苏斯迎战马其顿军。亚历山大出奇制胜，率军直捣大流士三世所在的中军。大流士三世惊慌失措，临阵脱逃，他的母亲、妻女都被亚历山大俘获。

此后，亚历山大继续南下，攻占地中海东岸地区，并兵不血刃地进入埃及。前 331 年，他从埃及进入两河流域，在尼尼微附近的高加米拉与波斯大军作战。这一次，他以五六万精锐之师取胜。一年后，波斯帝国灭亡。

亚历山大大帝画像

历经 10 年征战，亚历山大建立了一个空前庞大的帝国，其版图西起希腊，东到印度河流域，北抵中亚，南达埃及，地跨欧、亚、非三洲。这个帝国被称为“亚历山大帝国”，亚历山大也得名“亚历山大大帝”。

亚历山大的远征给东方人民带来了深重的灾难，使他们饱受战争之苦。在远征中，一旦遇到抵抗，亚历山大不惜大动屠刀。城市被摧毁，幸存者被出卖为奴，财富遭到了马其顿军队的洗劫。亚历山大代替大流士三世，成了西亚和中亚的主人，当地人民只不过换了个统治者而已。

客观上，远征使希腊文明与埃及、巴比伦和印度的文明接触、交流、融汇，加强了各民族对世界地理的认知，加快了人类历史由分散走向整体的进程。在这个世界性的帝国内，出现了世界性的政治、经济和文化。亚历山大帝国的建立在世界史上具有划时代的意义。

亚历山大大帝死后，他的部将争权夺利，斗争激烈。在此基础上，前 3 世纪上半叶，一系列各具特色的希腊化国家陆续形成于亚历山大帝国中。其中，最重要的有以埃及为中心的托勒密王朝、以叙利亚为中心的塞琉西王国和以马其顿为中心的马其顿王国。这些国家的疆域，常因战争而发生变化。前229年起，罗马不断地向地中海东部地区扩张，逐步吞并了希腊化诸国。

历史大事与历史现象

亚历山大里亚

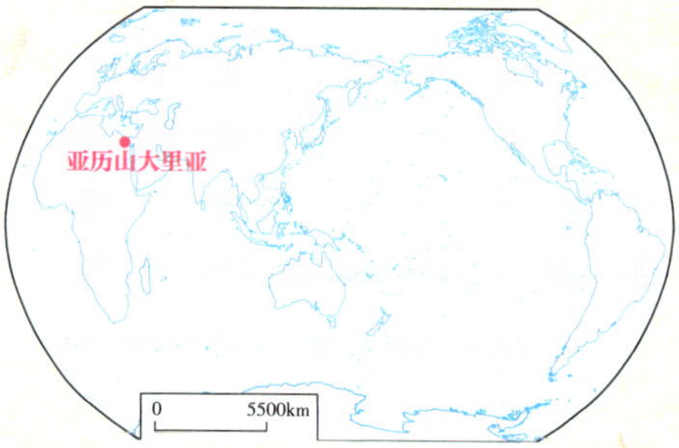

亚历山大进入埃及后，在尼罗河口亲自勘选了以他的名字命名的“亚历山大里亚”的城址，这是他在东方建立的第一座城市。在亚历山大治下，亚历山大里亚是埃及地区的首府和地中海的海军基地。

在建城后的100年间，亚历山大里亚成了东西方贸易中心之一和古希腊学术与科学中心。在希腊化时代，这里融合了古希腊、古埃及和犹太文化的成果，出现了博学园和图书馆，欧几里得、阿基米德、托勒密、帕罗丁等学者曾在此处学习和生活。

阿基米德画像

希腊化时期的文化

亚历山大帝国及其后各希腊化王国的建立，既将希腊文化广泛传播至北非和亚洲，同时也有力地促进了这些地区原有的文化对希腊文化的作用与影响。因此，希腊化时期的文化具有新的时代特征与内容，是希腊文化与东方文化相互交流融汇的结晶。如果说希腊古典文化是一种城邦文化，那么希腊化时期的文化就是一种走向帝国的、带有世界性的文化。

希腊化时期的文化是对希腊古典文化的总结和发展，也是对东方文化的吸收和利用，更是从希腊文化到罗马文化，继而到西方文化的桥梁。从这个意义上说，希腊化时期的文化影响了西方文化发展的方向。

孔雀王朝

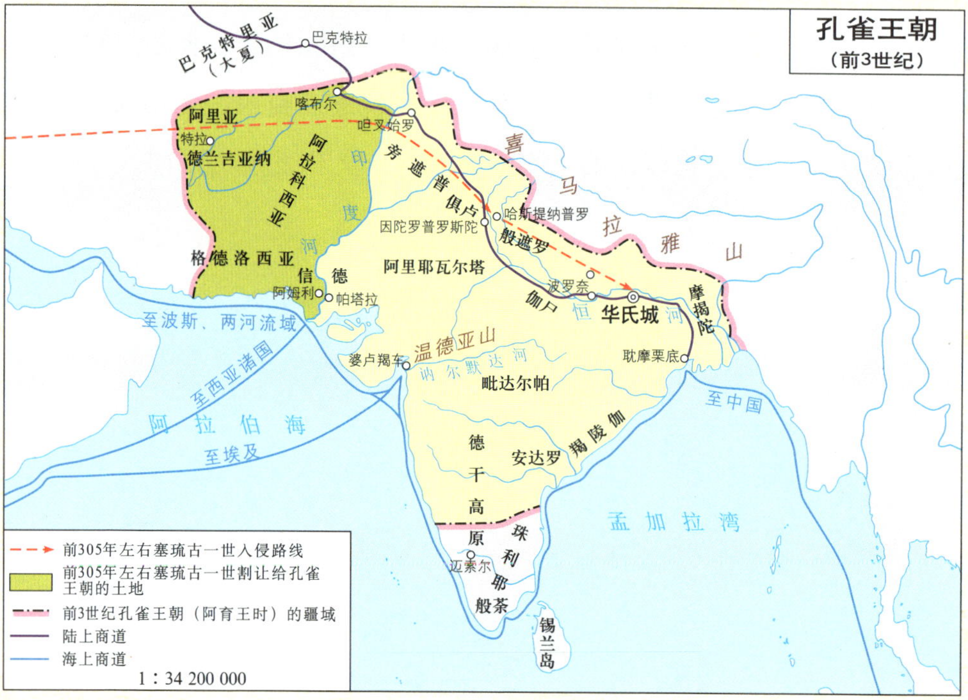

时代总述

前 327 年，马其顿国王亚历山大大帝入侵印度西北部。前 324 年，他征服了这一地区，改变了这里小国林立的局面。出身低微的旃陀罗笈多乘机崛起，自立为王，赶走了马其顿驻军，统一了北印度，并于前 323 年建立了孔雀王朝。约前 297 年，旃陀罗笈多去世，其子频头娑罗继位。20 多年后，频头娑罗死，其子阿育王继位。在阿育王时期，印度古代奴隶制君主专制的集权统治达到顶峰。当时，南亚次大陆除极南端一部分外，全部被囊括在了孔雀王朝的版图之内。

在孔雀王朝，铁器的制造和使用已非常普遍。农业在经济体系中具有显著优势，是孔雀王朝的社会经济基础。在城市手工业中，纺织、金属加工和造船等都有发展。印度同中国、两河流域、埃及等地有较活跃的贸易关系。中国丝绸输入印度，促进了印度养蚕业和丝绸制造业的发展。

阿育王石柱

孔雀王朝的税收主要来自土地税，其余小部分税收来自国内外贸易税。土地为国王所有，多数学者认为国王是土地唯一的主人。少数学者认为，当时存在私人土地所有制。土地税一般是收获物的六分之一，有时高达四分之一，有时低至八分之一。城市居民要缴纳出生税和死亡税。

在政治体制方面，国王是最高权威，辅佐他的是臃肿的官僚机构：第一大臣、王子、财政大臣、总税务官、总督和其他各级官吏。司法系统分为最高法院和地方法院。地方法院共分 4 级，最低一级的法院由村社行政人员和长老组成。军队分为 5 个部门：船队、步兵、骑兵、战车战象和后勤，总兵力达 63 万人、9000 头战象。维持上述机构、人员的日常开支经常造成王朝的府库空虚。

在政治、经济、文化上，孔雀王朝统治下的各地区都有很大的独立性，王朝并未形成客观的长久统一的基础。阿育王死后，国家逐渐分裂，其势力仅及恒河部分地区。约前 187 年，王朝末代国王布利哈德罗陀被其部将普士亚密多罗·巽伽杀害。至此，孔雀王朝灭亡。

亚历山大大帝入侵印度西北部 — 前327年
亚历山大大帝征服了印度西北部 — 前324年
旃陀罗笈多建立了孔雀王朝 — 前323年
塞琉古领兵侵入印度 — 前305年
旃陀罗笈多去世 — 前297年
孔雀王朝灭亡 — 约前187年

上部时间轴：

- 亚历山大大帝入侵印度西北部 —— 前 327 年
- 前 324 年 —— 亚历山大大帝征服了印度西北部
- 旃陀罗笈多建立了孔雀王朝 —— 前 323 年
- 前 305 年 —— 塞琉古领兵侵入印度
- 旃陀罗笈多去世 —— 前 297 年
- 约前 187 年 —— 孔雀王朝灭亡

❧ 历史大事与历史现象 ❧

旃陀罗笈多建立孔雀王朝

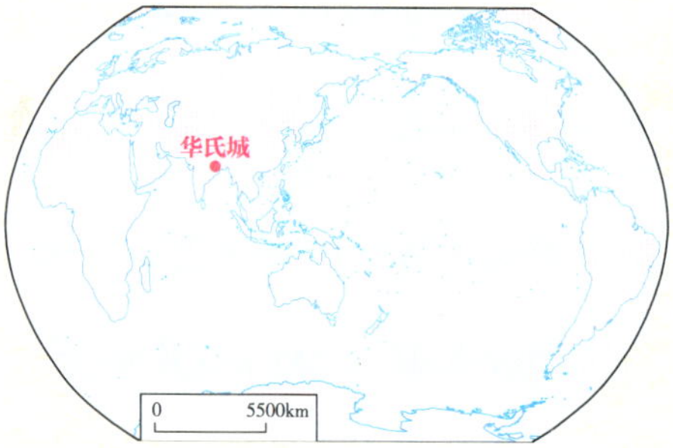

关于旃陀罗笈多的出身，有不同说法，一说他出身于一个养孔雀的家族，一说他出身于刹帝利，属于莫里亚家族，"孔雀"（maurya）是从"莫里亚"一词演化而来的。相传，旃陀罗笈多曾在旁遮普地区见过亚历山大大帝，因为他在语言上冒犯了亚历山大，所以险些被处死。后来，他得到了一名婆罗门的帮助，招募了一支军队。在此基础上，旃陀罗笈多攻下了华氏城，建立了孔雀王朝。

华氏城

0　　　5500km

种姓制度

种姓制度是古代印度社会一种严格的等级制度。在这一制度中，第一等级是婆罗门，掌管祭祀；第二等级是刹帝利，拥有军事权和行政权；第三等级是吠舍，从事农业、畜牧业和商业；第四等级是首陀罗，主要由被征服居民构成，从事农业、畜牧业、捕鱼业和手工业，要为

孔雀王朝浮雕

前三个等级服务。在这四个等级之外，还有最卑贱的“不可接触者”，又称“贱民”。种姓制度下的各等级世代相袭。各等级之间贵贱分明，低等级的人不得从事高等级的人的职业，不同等级的人不得通婚。

秦朝和西汉

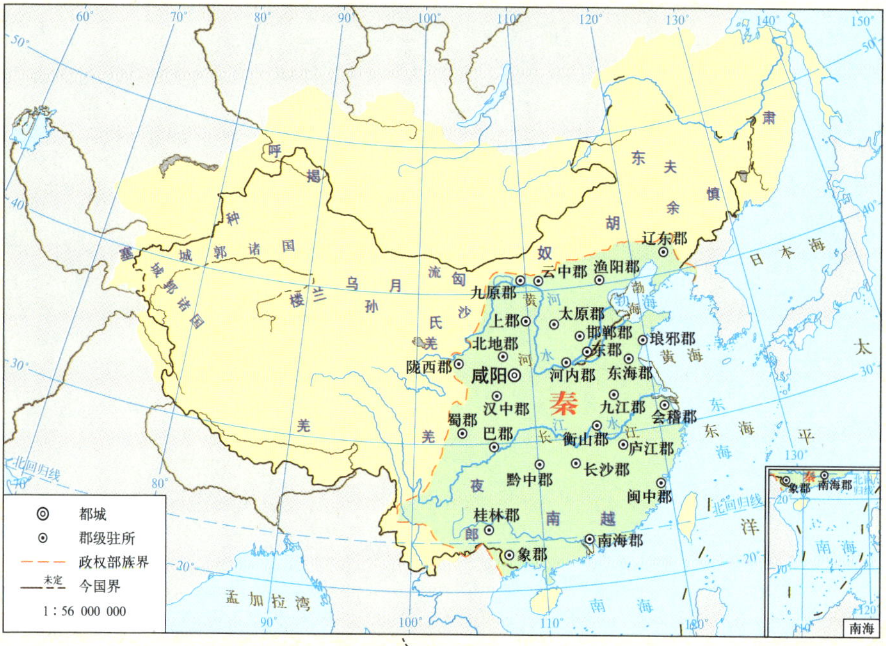

秦朝全图

时代总述（秦朝）

前221年，秦王嬴政建立起中国历史上第一个统一的封建王朝。他创立了“皇帝”的尊号，自称“始皇帝”。秦始皇在中央推行三公九卿制，在地方实行郡县制。此外，他下令统一货币和度量衡，以秦国的圆形方孔半两钱为标准货币。他还下令实行“书同文”“车同轨”，规定以秦小篆为统一书体，车轨距离为六尺。秦始皇派大将蒙恬北击匈奴，并修筑长城。长城西起临洮，东到辽东，即“万里长城”。他还派兵开凿灵渠，统一岭南及东南沿海地区。当时，秦朝的疆域东至东海，西到陇西，北至长城一带，南达南海。

秦始皇以过人的才智完成统一大业，开创了一个自古未有的局面，对后世影响深远。然而，他实行暴政，这为秦朝的短命而亡埋下了伏笔。秦始皇采纳丞相李斯的建议，下令焚烧六国史书和诸子百家的大部分书籍。卢生、侯生等方士、儒生逃亡，秦始皇派御史查究，将 460 多名方士和儒生坑死。秦朝向百姓征收繁重的赋税，又连年征发徭役和兵役，修建骊山陵和阿房宫等。秦始皇先后 5 次出巡，在名山胜地刻石纪功。为求长生不老之药，他派人入海求仙，耗费了巨大的财力和人力。秦朝严刑苛法，民众稍有不慎就会触犯法律，而且当时的刑罚极其残酷。

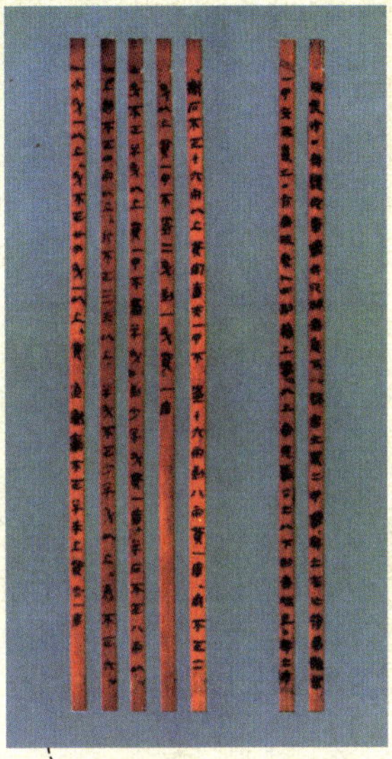
睡虎地秦墓竹简

秦始皇死后，秦二世胡亥即位。秦二世对百姓的剥削更加残酷，并肆意挥霍，四处巡游，穷奢极欲，使百姓陷入无法生活的境地。秦二世元年（前 209 年）秋，大泽乡起义爆发，揭开了秦末农民战争的序幕。陈胜死后，项羽、刘邦逐渐成为起义军的领袖。秦二世三年（前 207 年），项羽在巨鹿之战中摧毁秦军主力。与此同时，刘邦攻占咸阳，推翻了秦朝的统治。

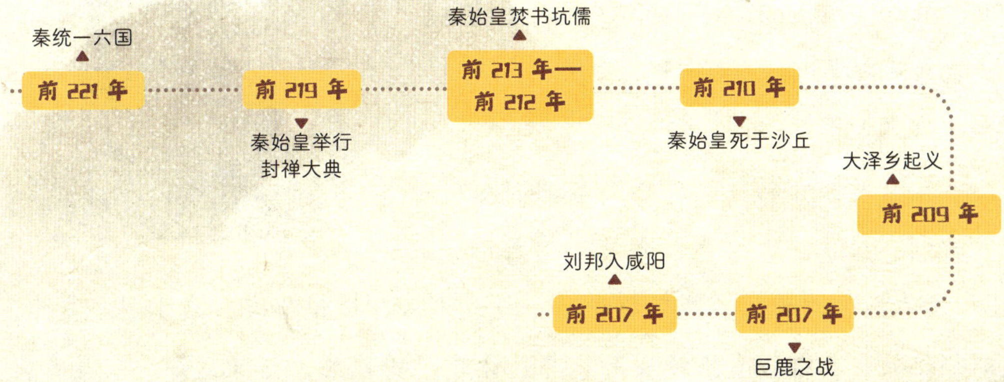
秦统一六国
前 221 年
前 219 年
秦始皇举行封禅大典
秦始皇焚书坑儒
前 213 年—前 212 年
前 210 年
秦始皇死于沙丘
大泽乡起义
前 209 年
前 207 年
巨鹿之战
刘邦入咸阳
前 207 年

西汉全图

时代总述（西汉）

汉高祖刘邦雕像

秦朝灭亡后，刘邦、项羽为争夺统治权，发动战争，史称“楚汉战争”。最终，项羽兵败，在乌江自杀。前 202 年，刘邦即帝位，建立汉朝，因其国都长安在东汉国都洛阳的西面，所以一般被称为“西汉”。与秦朝相比，西汉大大拓展了疆域，将河西走廊至西域的广大地区纳入了其版图。

西汉建立之初，刘邦总结秦朝因暴政而亡的教训，在政治上尊奉黄老无为的思想，采取“与民休息”的政策，减轻赋税、徭役和刑法，提倡节俭，减少财政支出。刘邦死后，其继任者继续实行“与民休息”的政策，至汉文帝、汉景帝当政时，西汉国力增强，出现了“文景之治”的兴盛局面。为了巩固统治，刘邦还消灭了韩信、彭越、英布等异姓诸侯，并分封同姓诸侯王于各地，封地大的王国“跨州兼郡，连城数十”，不断威胁中央政权，终于在景帝三年（前154年）酿成了“七国之乱”。太尉周亚夫快速平息了叛乱，从此诸侯王国的军政大权归于中央。

汉武帝继位后，采纳了主父偃的“推恩”建议，继续削弱诸侯王国的势力。在意识形态领域，汉武帝接受了董仲舒的建议，以儒术为其统治思想，此后儒学成为我国封建社会的主流意识形态。汉武帝还重视经济发展，将冶铁、煮盐、铸钱收归官营，设置平准官、均输官，由官府经营运输和贸易。西汉王朝在汉武帝时进入鼎盛时期，涌现出卫青、霍去病、张骞、司马迁等一大批历史名人。此后，在汉昭帝、汉宣帝时期，西汉的政治发展，经济繁荣，一度出现了“昭宣中兴”的良好局面。不过，汉宣帝驾崩后，汉朝政权江河日下，终被外戚王莽夺权。

汉武帝茂陵

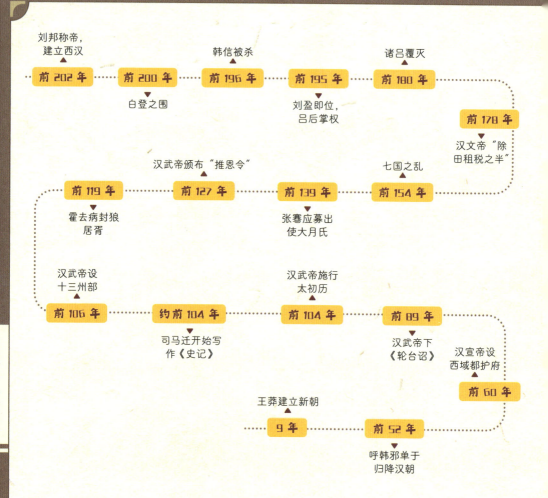

- 前 202 年：刘邦称帝，建立西汉
- 前 200 年：白登之围
- 前 196 年：韩信被杀
- 前 195 年：刘盈即位，吕后掌权
- 前 180 年：诸吕覆灭
- 前 178 年：汉文帝“除田租税之半”
- 前 154 年：七国之乱
- 前 139 年：张骞应募出使大月氏
- 前 127 年：汉武帝颁布“推恩令”
- 前 119 年：霍去病封狼居胥
- 前 106 年：汉武帝设十三州部
- 约前 104 年：司马迁开始写作《史记》
- 前 104 年：汉武帝施行太初历
- 前 89 年：汉武帝下《轮台诏》
- 前 60 年：汉宣帝设西域都护府
- 前 52 年：呼韩邪单于归降汉朝
- 9 年：王莽建立新朝

历史大事与历史现象

大泽乡起义

秦二世元年（前 209 年）秋，秦朝政府征发闾左贫民屯戍渔阳，戍卒九百人行至蕲县大泽乡，遇上大雨，不能按期到达。按照秦律，误期要被处死。屯长陈胜、吴广组织戍卒，杀死押解的将尉，举行起义。这一事件敲响了秦王朝的丧钟。

白登之围

汉初，匈奴冒顿单于不断攻扰西汉的北方郡县。高祖七年（前200年），匈奴大军围攻晋阳，刘邦亲率军三十余万迎战，被围困于平城白登山，达七日之久。危急时刻，他用陈平计，贿赂冒顿的阏氏（皇后），终于成功突围。

西域都护府的设立

神爵二年（前60年），汉宣帝设置西域都护府。它是军事行政机构，治乌垒城，辖玉门关、阳关以西天山南北，西包乌孙、大宛、葱岭范围内西域诸国（初为三十六国，后增至五十国）。西域都护府的设置，对巩固中原地区与西域的政治、经济、文化关系，以及发展西域地区生产，保护东西商路畅通具有积极的作用。

罗马共和国

时代总述

古罗马本是古意大利的一个城邦，后来发展扩张为地中海地区的大帝国。传说，前 753 年，罗慕路斯在特韦雷河（台伯河）畔建罗马城，开创王政时代。前 6 世纪中期，塞维·图里乌改革后，罗马国家形成。前 510 年，王政时代结束。前 509 年，罗马共和国成立。

前 5 世纪—前 3 世纪初，平民与贵族之间围绕土地、债务和政治权利的斗争告一段落，亚平宁半岛基本统一。当时，国家的主要管理者为元老院、以执政官为首的各种高级长官及公民大会，前者握有实权。

前3世纪中叶—前2世纪中叶，通过布匿战争、马其顿战争等，罗马征服迦太基（北非）、西班牙大部分及马其顿、希腊等地，并在这些地方设立若干行省，委派总督治理。由于大庄园制（拉蒂芬丁）的形成，奴隶日益广泛地参与劳动，意大利的经济有很大发展。与此同时，大批破产农民沦为游民无产者，导致罗马社会的矛盾趋于激化。

恺撒画像

前2世纪后半叶—前1世纪后半叶为“内战”时代：奴隶反抗奴隶主的斗争（如两次西西里奴隶起义、斯巴达克起义），破产农民反对大土地所有者的斗争（如格拉古兄弟改革），无权者反对当权者的斗争（如同盟者战争）及统治阶级内部骑士派与元老派的斗争，它们此起彼伏，交织进行。经苏拉独裁、前三头政治和恺撒独裁，罗马发展至后三头政治。在后三头中，奥古斯都（屋大维）建立蒲林斯制（元首政治），至此共和国瓦解，罗马进入帝国时代。

屋大维雕像

随着罗马不断对外扩张，它和地中海区域的很多民族发生了接触。尤其是，罗马兼并了南意大利的希腊殖民城邦，后又征服希腊半岛，于是优秀的希腊艺术作品和各种科学著作大量传播到意大利，许多受过良好教育的希腊人来到罗马，对罗马文化的发展产生了巨大的影响。因此，罗马文化的产生和发展是与外界影响分不开的，罗马人在吸收许多民族文化的基础上，才创造出独特的拉丁文化。

- 前 509 年：罗马共和国成立
- 前 451 年—前 450 年：罗马颁布十二表法
- 前 343 年：第一次萨莫奈战争爆发
- 前 264 年：第一次布匿战争爆发
- 前 217 年：特拉西米诺湖战役
- 前 201 年：罗马和迦太基缔结和约
- 前 167 年：罗马占领伊庇鲁斯
- 前 146 年：第三次布匿战争结束
- 前 138 年：第一次西西里奴隶起义爆发
- 前 133 年：提比留 · 格拉古提出土地法案
- 前 111 年：朱古达战争爆发
- 前 104 年：第二次西西里奴隶起义爆发
- 前 90 年：同盟者战争爆发
- 前 88 年：苏拉当选执政官
- 前 73 年：斯巴达克起义爆发
- 前 60 年：前三头政治同盟形成
- 前 45 年：恺撒取得罗马内战的胜利
- 前 43 年：后三头政治同盟形成
- 前 27 年：屋大维首创“元首制”

历史大事与历史现象

第三次布匿战争

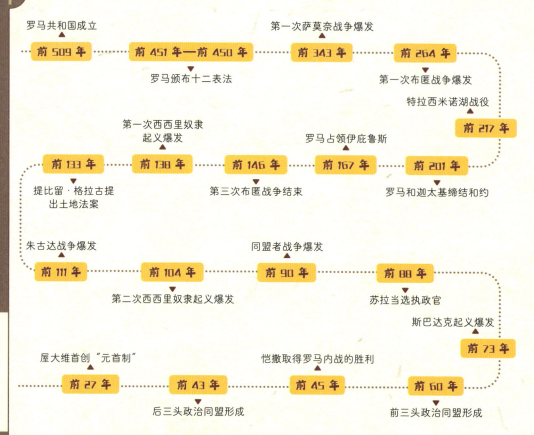

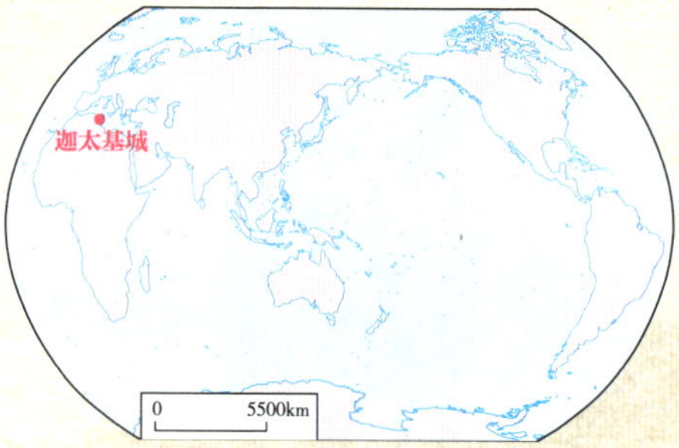

布匿战争（前 264 年—前 146 年）是古罗马与迦太基争夺地中海西部统治权的战争。迦太基系腓尼基人的殖民地，因罗马人将腓尼基称作布匿（Poeni），故名。布匿战争共三次。在前两次布匿战争中，迦太基丧失全部海外领土，向罗马交出舰船，并赔款 1 万塔兰特。此后，迦太基已无力与罗马抗衡。前 149 年—前 146 年，罗马军发动第三次布匿战争，长期围困迦太基城。尽管城中居民奋勇抵抗，但罗马军最终攻陷并摧毁该城。通过三次布匿战争，罗马成功取得了西部地中海的霸权。

斯巴达克起义

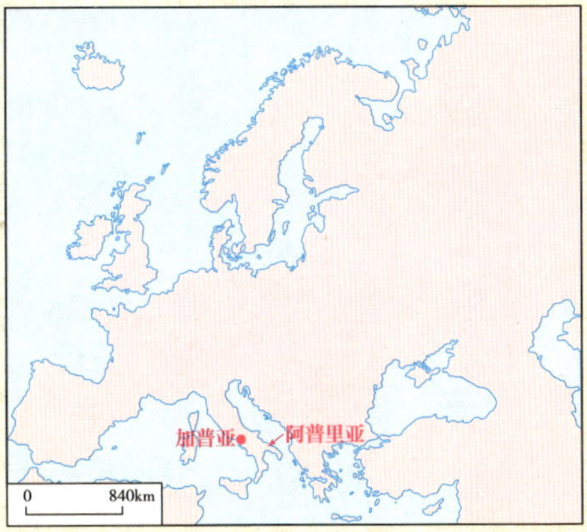

斯巴达克起义是欧洲古代社会最大的一次奴隶起义。斯巴达克本是色雷斯人，被俘后成为角斗士。前73年，斯巴达克在加普亚密谋起义，队伍迅速发展，连败罗马官军。罗马元老院授克拉苏以独裁官的权力，令其倾全力镇压起义。前71年，起义军和罗马官军在阿普里亚发生决战，起义军失败，斯巴达克壮烈牺牲。

东汉

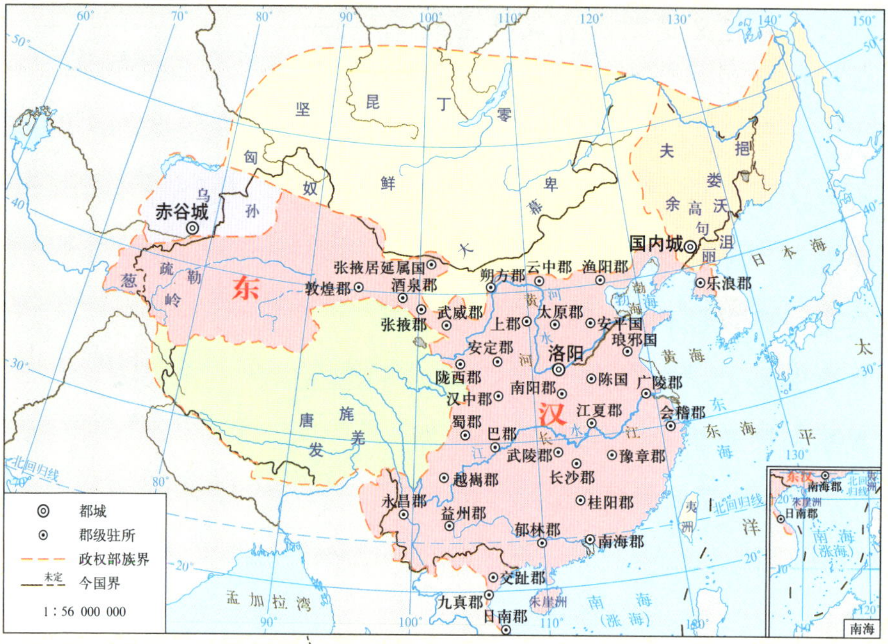

东汉全图

时代总述

刘秀画像

西汉末年，贵族官僚大量兼并土地，阶级矛盾日趋激化，民不聊生。王莽建立新朝后，实行了一系列改革，试图挽救社会危机，但其施政却加剧了社会的动荡，导致全国性农民大起义的爆发。地皇四年（23 年），新朝在赤眉、绿林等农民起义军的打击下崩溃。25 年，西汉宗室刘秀称帝，定都洛阳，因洛阳在西汉国都长安的东面，所以刘秀建立的新政权史称“东汉”。

刘秀称帝后，平定了一些割据势力，实现了全国统一。在位期间，刘秀多次发布释放奴婢和禁止残害奴婢的命令，裁并四百多县，减轻赋税，兴修水利，精简官吏，并在中央加重尚书职权，在地方废除掌握军权的都尉，使生产得以恢复和发展。在此基础上，他开创了“光武中兴”的局面。但是，到了东汉中晚期，皇帝即位时大多年幼，外戚趁机掌权。皇帝长大后，便借助宦官的势力铲除外戚，夺回君权，宦官又把持朝政。如此往复，出现了外戚和宦官交替专权的局面。在这样的政治生态中，官僚士大夫中形成了以品评人物为基本形式的政治批评风气，即“清议”。太学是清议的中心。士大夫和太学生试图通过清议影响现实政治，反对导致黑暗政治的宦官、外戚，特别是宦官，最终酿成了两次“党锢之祸”。

到了东汉末年，政府横征暴敛，豪族大地主疯狂兼并土地，导致大量农民破产逃亡，成为流民。在这一背景下，太平道首领张角秘密进行组织活动，十余年间，其徒众达数十万。他提出“苍天已死，黄天当立，岁在甲子，天下大吉”的口号。中平元年（184 年，甲子年），各地同时举行起义。起义军以黄巾裹头，因而被称为“黄巾军”。东汉政府派皇甫嵩、卢植等率军镇压，多次被黄巾军打败。后来，在东汉政府军和豪强地主武装的联合镇压下，起义失败。黄巾军主力共经历九个月的斗争，动摇了东汉王朝的统治。220 年，曹丕废汉献帝，建立魏国，东汉至此灭亡。

- 25 年：刘秀称帝，建立东汉
- 68 年：白马寺建寺
- 89 年：窦宪勒石燕然山
- 97 年：甘英出使大秦
- 121 年：《说文解字》成书
- 166 年：第一次党锢之祸
- 176 年：第二次党锢之祸
- 184 年：黄巾起义爆发
- 196 年：曹操迎汉献帝于许
- 220 年：东汉灭亡

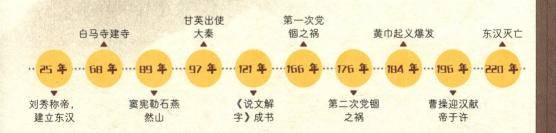

刘秀称帝

农民大起义爆发后，刘秀与其兄刘縯聚众起兵，加入绿林军。昆阳之战后，刘縯被更始帝刘玄杀害。刘秀隐忍不发，以恢复汉家制度为号召，取得部分官吏、豪强的支持，镇压和收编铜马等起义军，力量开始壮大，并逐渐脱离更始政权。建武元年（25 年），刘秀称帝，建立东汉，定都洛阳。

党锢之祸

李膺画像

桓帝时，宦官专权，政治腐败，民变纷起，形成了严重的社会危机。官员李膺等人和太学生郭泰、贾彪等联合，品核公卿，议论国政，一时成为风气，深为宦官所忌。延熹九年（166 年），李膺因检举不法，被宦官诬告。李膺等二百多名“党人”被捕，后虽获释，但终身不得做官。这是第一次“党锢之祸”。灵帝即位后，外戚窦武执政，起用“党人”，并与太傅陈蕃合谋诛灭宦官。不料，事机泄露，窦武、陈蕃丧命。建宁二年（169 年），灵帝在宦官侯览、曹节的挟持下，将李膺、杜密等百余人下狱处死，并陆续杀死、流徙、囚禁六七百人。熹平五年（176 年），灵帝在宦官的挟制下，又命令凡“党人”的门生故吏、父子兄弟，都免官禁锢，并连及五族。这是第二次“党锢之祸”。

曹操迎汉献帝于许

经过黄巾起义的打击，东汉政权已名存实亡。汉献帝幼年即位，最初为董卓的傀儡。董卓死后，他被董卓部将劫持。建安元年（196 年），曹操出兵迎汉献帝至许，从此“挟天子以令诸侯”。

罗马帝国极盛时期

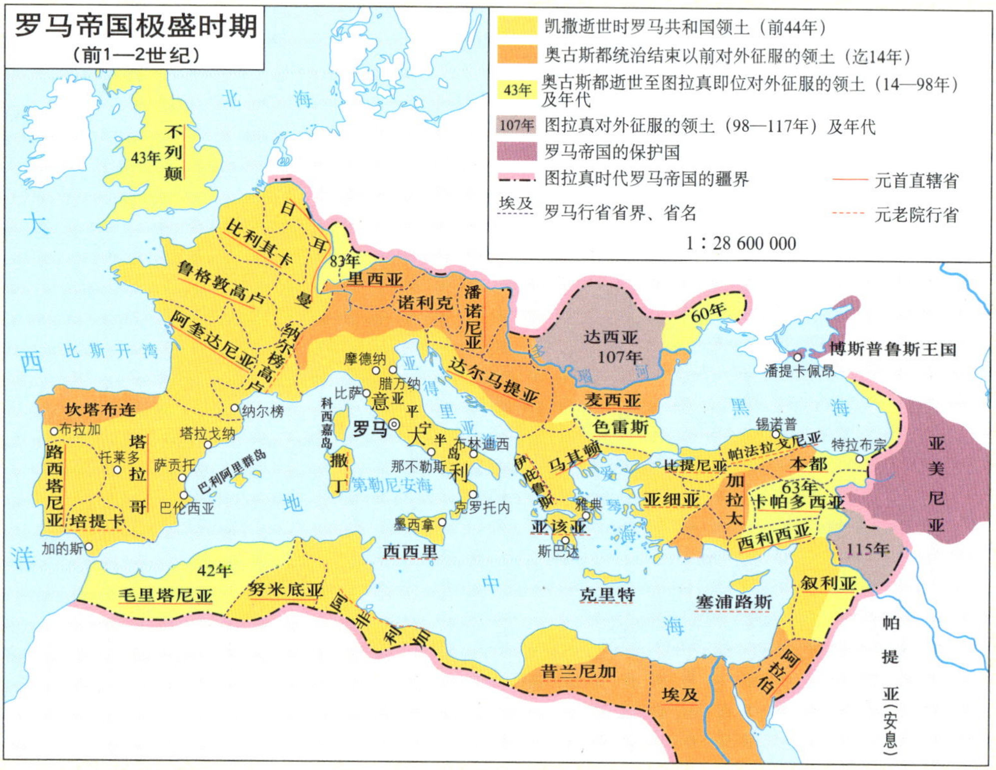

时代总述

前 27 年，屋大维接受元老院授予的“奥古斯都”尊号，建立了元首政治，这标志着共和国的瓦解，从此罗马进入帝国时代。在位时，奥古斯都颁布了一系列法令，占领了整个西班牙及多瑙河沿岸。他还大兴土木，美化罗马城，罗致学者，奖励文化事业的发展。晚年，他被当作神来崇拜。后来，“奥古斯都”成为罗马及欧洲帝王习用的头衔。

奥古斯都死后，他的养子提比略继位。从提比略起，经卡里古拉、克劳狄到尼禄，四个皇帝相继执政，称“克劳狄王朝”。在这一时期，帝国的集权统治不断加强，大奴隶主阶级的内部斗争持续，各地人民也掀起反抗罗马专制统治的斗争。尼禄死后，他的部将韦柏芗继位，建立了弗拉维王朝。73年，韦柏芗使用监察官的权力改组元老院，在元老院中大量吸收行省上层的奴隶主，同时他广泛授予行省居民罗马公民权和拉丁公民权，这些措施扩大了帝国的社会基础。到了安敦尼王朝时期，图拉真、哈德良、安敦尼、马可·奥勒略和康茂德五位皇帝，都采取了有利于整个地中海区域奴隶主的统治措施，罗马帝国到达鼎盛期，这是罗马历史上的黄金时代。图拉真在位时，罗马帝国的版图最大：东起美索不达米亚，西至大西洋，北达不列颠和达西亚，南至北非。180年，马可·奥勒略病死，这时的罗马帝国已临近3世纪危机的前夕，接着到来的便是衰落的时代。

图拉真雕像

1—2世纪，罗马帝国出现了相对安定的局面，进入所谓“罗马的和平”时期。在此期间，政治的相对稳定、交通的恢复、技术的传播和交流都有利于社会经济的发展。在文化领域，也出现了很多成果。在史学方面，塔西佗著成了《编年史》和《历史》，阿庇安用希腊文写了《罗马史》。自然科学方面，出现了老普林尼的《自然史》、托勒密的《天文学大全》等著作。

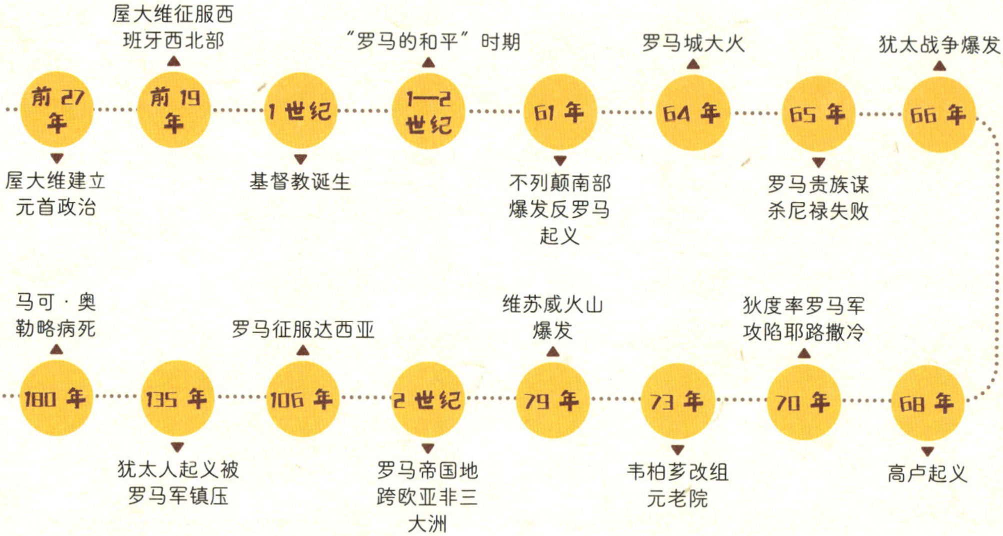
前27年
屋大维建立元首政治
前19年
屋大维征服西班牙西北部
1世纪
基督教诞生
1—2世纪
“罗马的和平”时期
61年
不列颠南部爆发反罗马起义
64年
罗马城大火
65年
罗马贵族谋杀尼禄失败
66年
犹太战争爆发
68年
高卢起义
70年
狄度率罗马军攻陷耶路撒冷
73年
韦柏芗改组元老院
79年
维苏威火山爆发
2世纪
罗马帝国地跨欧亚非三大洲
106年
罗马征服达西亚
135年
犹太人起义被罗马军镇压
180年
马可·奥勒略病死

历史大事与历史现象

犹太战争

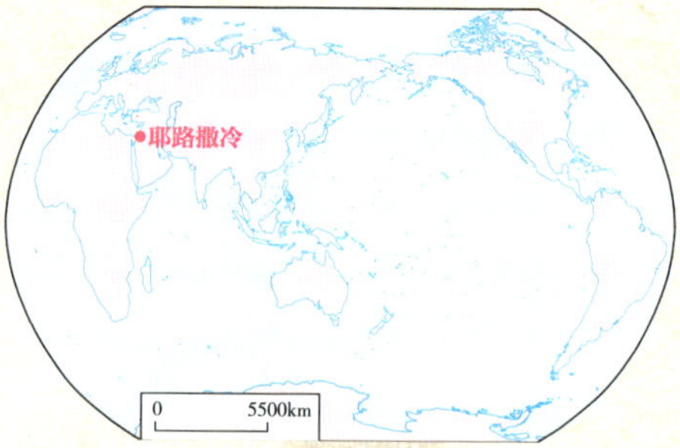
耶路撒冷
0
5500km

亦称“犹太人起义”，通常指66—70年和132—135年犹太人民反对罗马征服者的两次起义。起义者主要为下层人民，他们组成“杰罗特”（狂热党）和“西卡里”（短刀党），焚毁藏在神庙中的债务账册，占领耶路撒冷等城市，打击罗马驻军。罗马皇帝尼禄派韦柏芗前往镇压。70年，韦柏芗之子狄度率罗马军攻陷耶路撒冷，大肆破坏和屠杀，圣殿被毁，数万犹太人被卖为奴。起义者的部分武装抵抗到73年。此后数十年间，双方持续冲突。132年，因罗马统治者强行在耶路撒冷建立朱庇特神庙，起义再度爆发，起义者拥巴尔·科赫巴为领袖。皇帝哈德良派塞维鲁率军镇压。135 年，罗马军又攻陷耶路撒冷，几十万犹太人被杀，幸存者多被迫流徙异域。

被埋没的庞贝

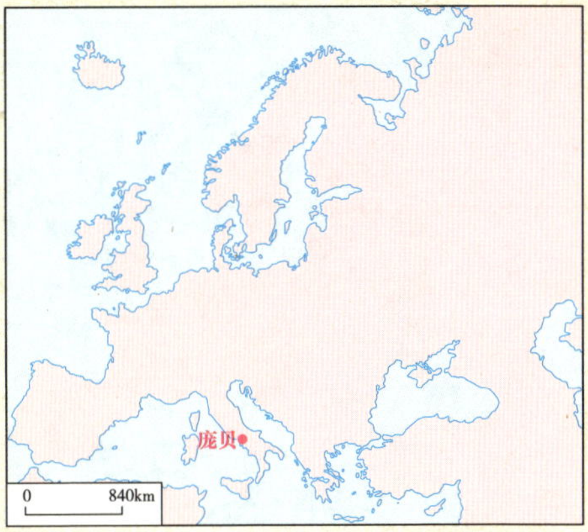

庞贝城约建于前 7 世纪，距维苏威火山约 10 千米。79 年，火山爆发，庞贝与另一小城赫库兰尼姆一并被埋没。18 世纪上半叶，人们发现了庞贝古城，并于 1748 年发掘了其遗址。庞贝古城存在石头街道、多种建筑物、工艺品、雕塑及壁画等大量遗迹，再现了罗马帝国初期意大利城市生活的情景，为研究古罗马社会历史提供了第一手资料。

三国两晋南北朝

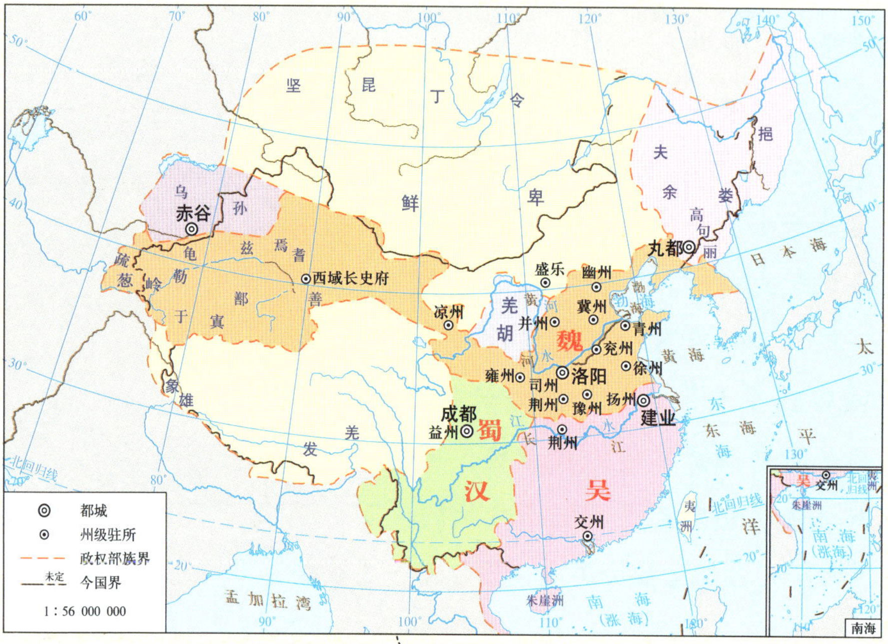

三国全图（262年）

时代总述

三国两晋南北朝是中国古代历史上长期分裂和民族交融的时期，也是政治、经济、文化大变革的时期。它上承秦汉，下启隋唐。

这一时期的显著特点是政权的分立和频繁的战争：从三国时期的魏、蜀、吴三国鼎立，到两晋时期西晋和东晋的更迭，再到南北朝时期南朝和北朝的对抗，各政权互相争夺地盘，战火连绵。在官渡之战中，曹操以少胜多，战胜袁绍，为此后统一北方打下了坚实的基础。然而，曹操在赤壁之战中遭遇惨败，三国鼎立的局面就此奠定。经过八王之乱和永嘉之乱，中原地区的经济遭到严重破坏，人民颠沛流离，西晋政权衰亡。淝水之战

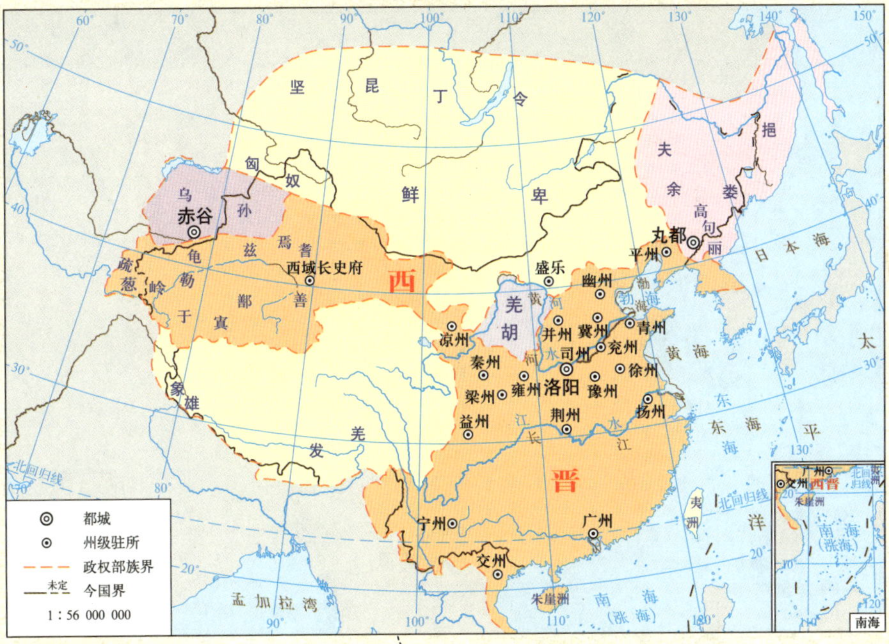

西晋全图（281年）

中，东晋战胜前秦，北方地区再度陷入分裂和混乱。在侯景之乱中，江南社会发生了空前的浩劫。

民族融合也是这一时期的历史特色。魏晋以来，北方的游牧民族不断内迁。他们与汉人错居杂处，过上了定居的生活。他们向汉人学习农业技艺，开始从事农业生产。汉人向北方各族人民学习畜牧经验，还学习、接受他们的食物、服装、用具等。十六国北朝的统治者与汉族士人合作，沿袭中原地区原有的统治方式，实行君主专制制度。这一时期的民族关系，有时较为紧张，但在总体上是趋于缓和的。至北朝后期，北方出现了各民族的大交融。

这一时期，江南地区的经济取得了长足的进步。西晋末年以来，大批北方人民为躲避战祸而南下。到了东晋后期，长江中下游地区到处是南迁的流民，流民中的一部分继续南下，进入今天的浙江、福建、广东等地。

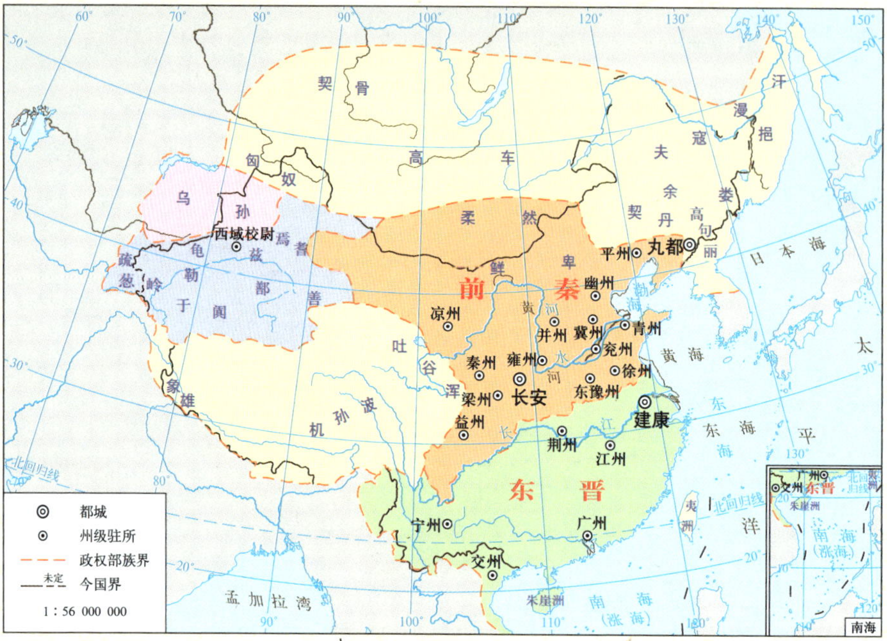

东晋、前秦时期全图（382 年）

北方人的南迁，为江南地区输送了大量的劳动力，也带来了中原先进的生产工具和生产技术，从而大大促进了江南地区的开发。

祖冲之雕像

总体而言，魏晋南北朝处于分裂割据的状态，但中华民族以自强不息的伟大精神，继续传承和发展着中华文明，创造了璀璨的科技文化。北魏贾思勰的《齐民要术》是我国现存最早的一部完整农书，在世界农学史上占有重要地位。南朝宋、齐科学家祖冲之把圆周率精确到小数点以后的第七位数字，领先世界近千年。锺繇和胡昭是曹魏时的书法名家，他们兼采汉末众家书法之长，都擅长行、草、隶书，并形成了自己的风格。东晋的王羲之被后人称为

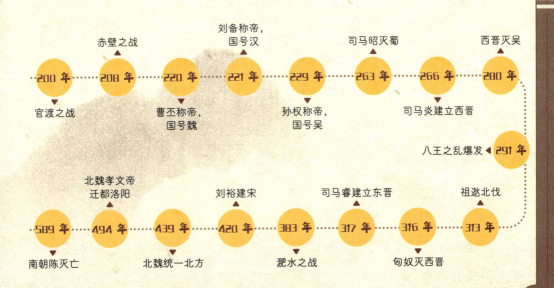

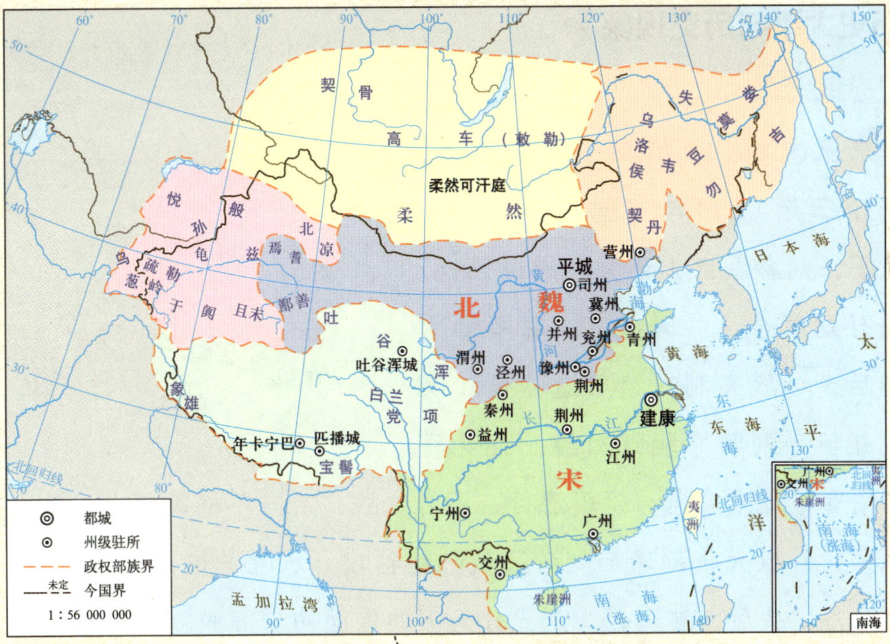

南北朝宋、魏时期全图（449年）

"书圣"，他的《兰亭集序》有"天下第一行书"的美誉。在雕塑艺术方面，以佛教为主题的云冈石窟和龙门石窟堪称宏伟精巧。

- 200年 官渡之战
- 208年 赤壁之战
- 220年 曹丕称帝，国号魏
- 221年 刘备称帝，国号汉
- 229年 孙权称帝，国号吴
- 263年 司马昭灭蜀
- 266年 司马炎建立西晋
- 280年 西晋灭吴
- 291年 八王之乱爆发
- 313年 祖逖北伐
- 316年 匈奴灭西晋
- 317年 司马睿建立东晋
- 383年 淝水之战
- 420年 刘裕建宋
- 439年 北魏统一北方
- 494年 北魏孝文帝迁都洛阳
- 589年 南朝陈灭亡

历史大事与历史现象

赤壁之战

东汉末年，曹操初步统一北方，建安十三年（208 年）他率兵二十余万南下。刘备派谋士诸葛亮游说孙权，促成孙刘联合，共同抗曹。曹军抵达赤壁后，小战失利，随后退驻长江以北，并与孙刘联军隔江对峙。孙刘联军利用曹军远来疲惫、疾疫流行、不习水战、后方不稳等弱点，放火延烧其水师，孙权大将周瑜与刘备又从陆路猛攻，水陆并进，曹军全线崩溃，退回北方。战后，曹、孙、刘三分天下的局面初步形成。

北魏孝文帝改革

孝文帝五岁即位，当时他的祖母、太皇太后冯氏当国，推行了一系列改革。太和十四年（490 年），孝文帝亲政，继续推进改革事业：从平城迁都洛阳；改鲜卑姓氏为汉姓，改变鲜卑风俗、服制、语言，奖励鲜卑族和汉族通婚；评定士族门第，加强鲜卑贵族和汉人士族联合统治；参照南朝典章制度，制定官制朝仪。

淝水之战

太元八年（383 年），前秦苻坚强征各族人民，组成八十七万大军，分道南下攻打东晋。晋相谢安命弟谢石、侄谢玄等率北府兵八万迎战。到达前线后，苻坚登寿春城，望见晋军阵容严整，以为八公山上的草木皆是晋兵，始有惧色。晋军进至淝水，要求秦兵略向后移，以便渡河决战。苻坚企图乘晋军半渡时猛攻，便挥军稍退。而各族士兵不愿作战，一退即不可止。晋军乘机渡河攻击，秦军大败。

罗马帝国的分裂和西罗马帝国的灭亡

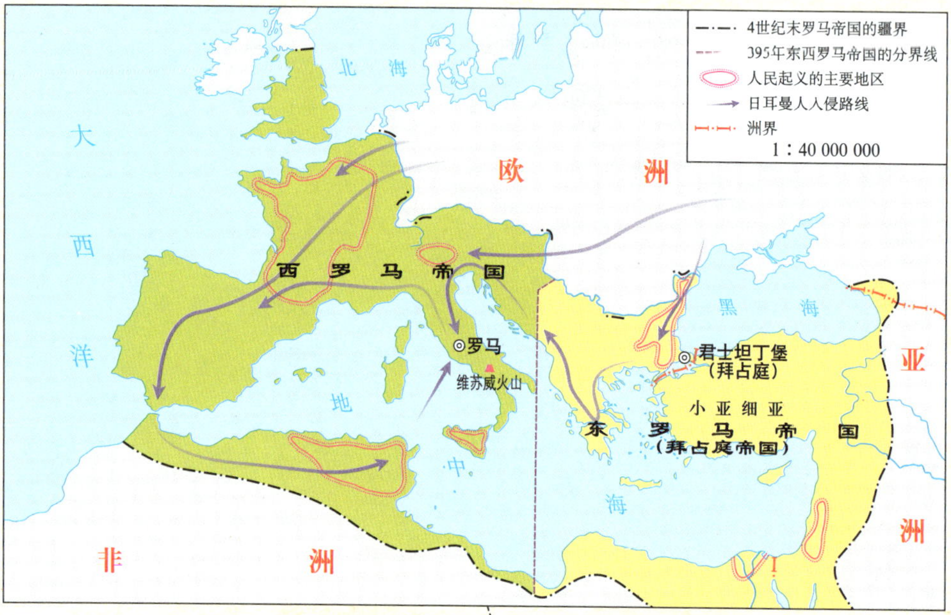

罗马帝国的分裂和西罗马帝国的灭亡

时代总述

从2世纪末到3世纪末，罗马帝国爆发了严重的社会危机，史称“3世纪危机”（193—284年）。危机表现为农业萎缩，商业萧条，城市衰落，财政枯竭，政治混乱，奴隶起义，蛮族入境，帝国政权处于风雨飘摇的境地。

284年，近卫军长官戴克里先取得帝国政权。因帝国形势不稳，他采取了一些加强统治的措施：分帝国为四部分，由两正帝、两副帝共同管辖。正帝称“奥古斯都”，戴克里先为其一。副帝称“恺撒”；实行君主专制（dominatus，音译“多米那特”）；整顿税制与币制，颁布限定物价的敕令；缩小省区，改革军队，重建国内秩序，强化边境守卫，镇压人民运动；迫害基督教徒。

305 年，戴克里先退位。312 年和 324 年，君士坦丁一世先后打败皇帝马克森提和李锡尼，统一了帝国。313 年，君士坦丁一世与李锡尼共颁《米兰敕令》，承认基督教的合法地位。325 年，通过尼西亚会议，基督教成了罗马帝国的统治工具。330 年，君士坦丁一世迁都拜占庭，将其更名为君士坦丁堡。332 年，他下令隶农不得脱离所属地产。

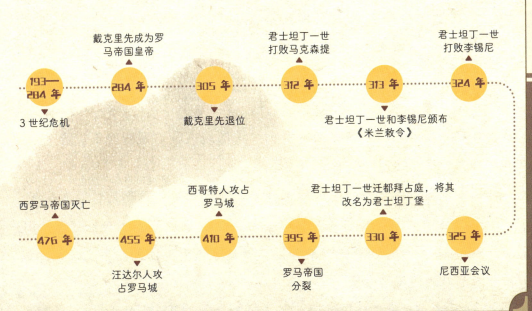

君士坦丁一世画像

戴克里先和君士坦丁一世的改革措施，使帝国暂时稳定了下来，但无法挽救罗马奴隶制社会的没落。4 世纪至 5 世纪，帝国的经济日趋衰落，西部地区许多城市的工商业萧条不振，农村荒芜，人口锐减，一派破败的景象。这一时

- 193—284 年：3 世纪危机
- 284 年：戴克里先成为罗马帝国皇帝
- 305 年：戴克里先退位
- 312 年：君士坦丁一世打败马克森提
- 313 年：君士坦丁一世和李锡尼颁布《米兰敕令》
- 324 年：君士坦丁一世打败李锡尼
- 325 年：尼西亚会议
- 330 年：君士坦丁一世迁都拜占庭，将其改名为君士坦丁堡
- 395 年：罗马帝国分裂
- 410 年：西哥特人攻占罗马城
- 455 年：汪达尔人攻占罗马城
- 476 年：西罗马帝国灭亡

期，隶农的地位进一步下降，其人身、法律和财产方面的权利被剥夺殆尽，生活十分困苦。另一方面，随着中小土地所有者的破产，城乡居民纷纷托庇于大地主门下，大地产得到迅速发展，大地主在经济和政治上的独立性与日俱增。大庄园自设手工业作坊和市场，建立防御工事，甚至设立法庭和监狱，奴役成百上千的奴隶和隶农。

随着罗马帝国的国势不断衰退，帝国终于在395年分裂为东罗马帝国和西罗马帝国。476年，西罗马帝国灭亡。在历史编纂学上，学者常以这一事件标志古代的终结。

历史大事与历史现象

罗马帝国的分裂

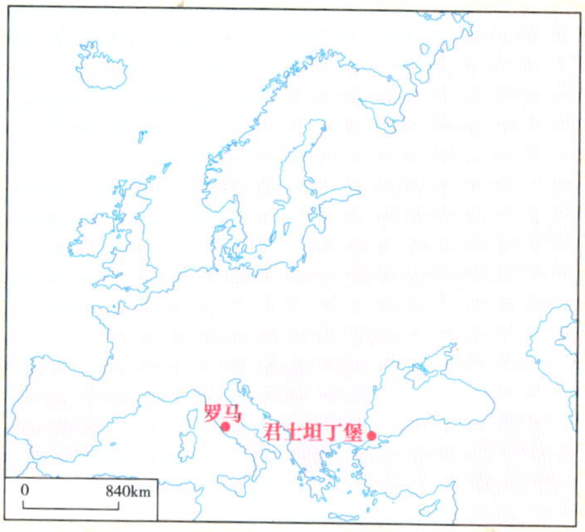

罗马帝国后期，皇帝君士坦丁一世推行了一系列改革措施，成功地加强了中央集权。然而，他死后，统治集团内部发生争夺帝位的长期混战，无法建立稳固的政权。这一时期，奴隶、隶农和其他劳动人民的反抗斗争持续不断，起义烽火几乎燃遍了罗马帝国各地。与此同时，蛮族成群迁徙至帝国境内。这两股力量彼此呼应，或汇合在一起，猛烈冲击着腐朽的罗马帝国。

到了提奥多西一世时，他对蛮族采取怀柔政策，尊奉基督教为国教，帝国一度显示出复兴的气象。不过，他却在去世前把帝国分给了两个儿子。395年，罗马帝国正式分裂为以君士坦丁堡为都城的东罗马帝国和以罗马为都城的西罗马帝国。

西罗马帝国的灭亡

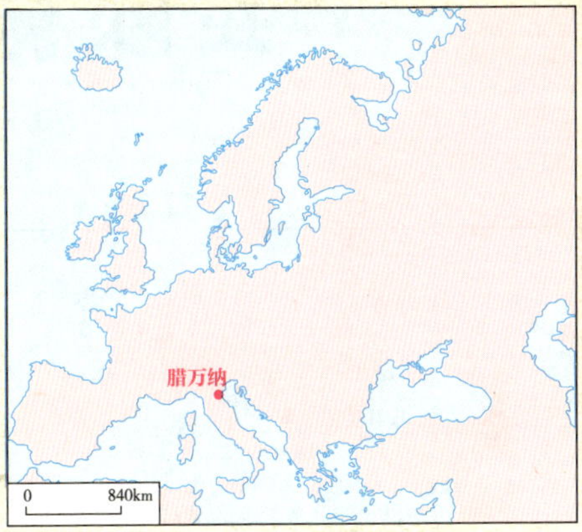

罗马帝国分裂后，西罗马帝国的统治日益薄弱。同时，蛮族源源入境。410 年，在蛮族大迁徙中，西哥特人攻占“永恒之城”罗马，随即退出。455 年，占据北非的汪达尔人渡海袭击意大利，再陷罗马城，西罗马帝国只得将都城迁至腊万纳。476 年，皇帝罗慕路斯·奥古斯都鲁被日耳曼雇佣兵首领奥多亚塞废黜，西罗马帝国灭亡。

亚欧民族大迁徙

时代总述

战国和秦汉之际，长期游牧于河西走廊地区的月氏，因为受到匈奴的攻击，被迫西迁。前177—前176年，匈奴战胜月氏。此前，月氏打败了其西邻乌孙，乌孙的牧地被占，部民四散。于是，月氏战败后，因为提前打开了西迁的通道，便迁徙至伊犁河上游地区。后来，乌孙重新聚集力量，在前139—前129年击败月氏，夺占伊犁河流域。月氏被迫再次西迁，过大宛，据有阿姆河北岸。少数月氏人未曾西迁，他们留在了河西走廊，被称为“小月氏”，而西迁的月氏人被称为“大月氏”。前1世纪初，大月氏南下，征服阿姆河以南的大夏。1 世纪初，大月氏的贵霜部联合大夏的吐火罗人，建立了强大的贵霜帝国。

48 年，匈奴分裂为南、北二部后，北匈奴留居漠北。后来，北匈奴多次被东汉和南匈奴击败。他们被迫西迁，终至欧洲腹地，建立了匈奴帝国。

贵霜帝国的青铜烛台

嚈哒人是古代中亚的游牧部族之一。他们起源于长城以北的蒙古草原，后迁至阿尔泰山以南至天山东部地区。4 世纪 70 年代，嚈哒人开始向南方迁徙。至 6 世纪初，其势力臻于极盛，嚈哒人在东方控制了准噶尔盆地和塔里木盆地西部，在西方和南方征服了萨珊王朝和印度大部地区，形成了一个庞大的嚈哒人国家。

376 年，日耳曼民族的一支西哥特人遭到匈奴袭击，此后他们移居巴尔干半岛北部。次年，西哥特人因不堪罗马官吏的压迫，奋起反抗。378 年，在亚得里亚堡，西哥特人大败罗马军队，皇帝瓦林斯阵亡。新皇帝狄奥多西一世被迫准许他们定居巴尔干半岛。395 年，罗马帝国分裂，西哥特人再次起义。经过多年征战，他们终于在 418 年建立了西哥特王国。

406 年，日耳曼民族的苏维汇人、汪达尔人和非日耳曼民族的阿兰人涌入罗马帝国。他们越过莱茵河，经高卢进入西班牙。后来，西哥特人侵入西班牙，苏维汇人被迫退居伊比利亚半岛的西北角，并建立了苏维汇王国。汪达尔人和阿兰人则于 429 年渡海，进入北非。此后，他们在那里建立了汪达尔 - 阿兰王国。

紧接着，日耳曼族的勃艮第人和法兰克人也越过莱茵河，涌入了罗马帝国。约 457 年，勃艮第人在高卢东南部建立勃艮第王国，定都里昂。法兰克人则占据了高卢北部，建立了法兰克王国，后来这个王国逐渐成为日耳曼诸王国中力量最强的国家。

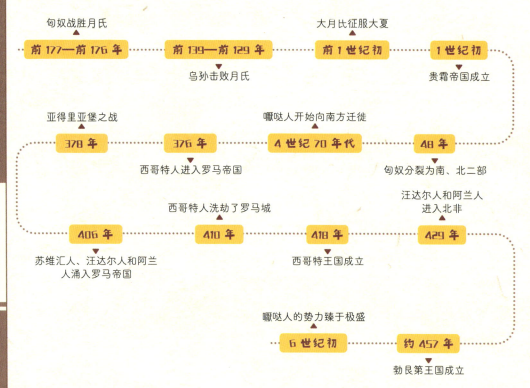

- 前 177—前 176 年：匈奴战胜月氏
- 前 139—前 129 年：乌孙击败月氏
- 前 1 世纪初：大月氏征服大夏
- 1 世纪初：贵霜帝国成立
- 48 年：匈奴分裂为南、北二部
- 4 世纪 70 年代：嚈哒人开始向南方迁徙
- 376 年：西哥特人进入罗马帝国
- 378 年：亚得里亚堡之战
- 406 年：苏维汇人、汪达尔人和阿兰人涌入罗马帝国
- 410 年：西哥特人洗劫了罗马城
- 418 年：西哥特王国成立
- 429 年：汪达尔人和阿兰人进入北非
- 约 457 年：勃艮第王国成立
- 6 世纪初：嚈哒人的势力臻于极盛

历史大事与历史现象

北匈奴西迁

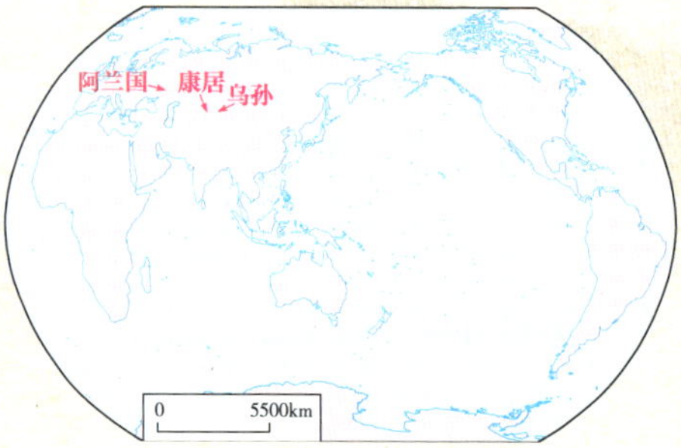

匈奴为中国古代的主要民族之一，48 年分裂为南、北二部。南匈奴南下附汉，北匈奴留居漠北。东汉和帝时，北匈奴屡为东汉和南匈奴所败，开始西迁。他们先至乌孙西北，又迁康居。

因为受到大月氏贵霜王朝和康居人的联合攻击，北匈奴继续西迁至顿河流域，征服阿兰国，进而夺取匈牙利平原，建立起一个东起咸海，西至莱茵河，南至阿尔卑斯山，北至波罗的海的强大匈奴帝国。他们对东、西罗马的进攻，加速了这两个帝国的衰落和灭亡，促进了欧洲奴隶制的瓦解。

西哥特王国的建立

376年，西哥特人遭到匈奴袭击，被赶过多瑙河，进入罗马帝国。410年，西哥特人在阿拉里克的率领下洗劫了罗马城。415年，以阿陶尔夫斯（阿拉里克的继任者）为首的西哥特人定居于西班牙。418年，阿拉里克之孙狄奥多里克一世以西罗马帝国同盟者的身份建立了西哥特王国，定都图卢兹。

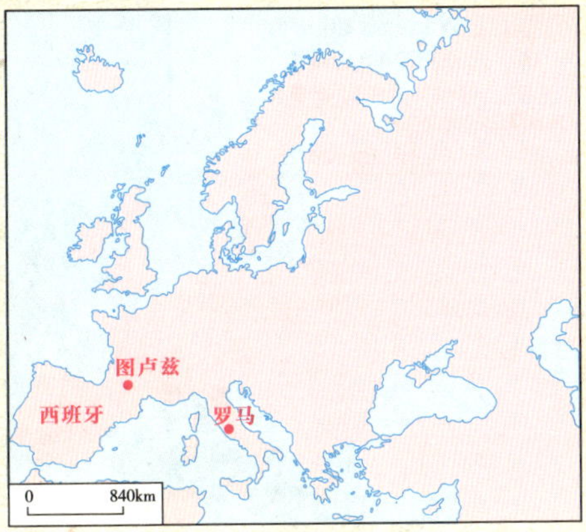

481—614 年的法兰克王国

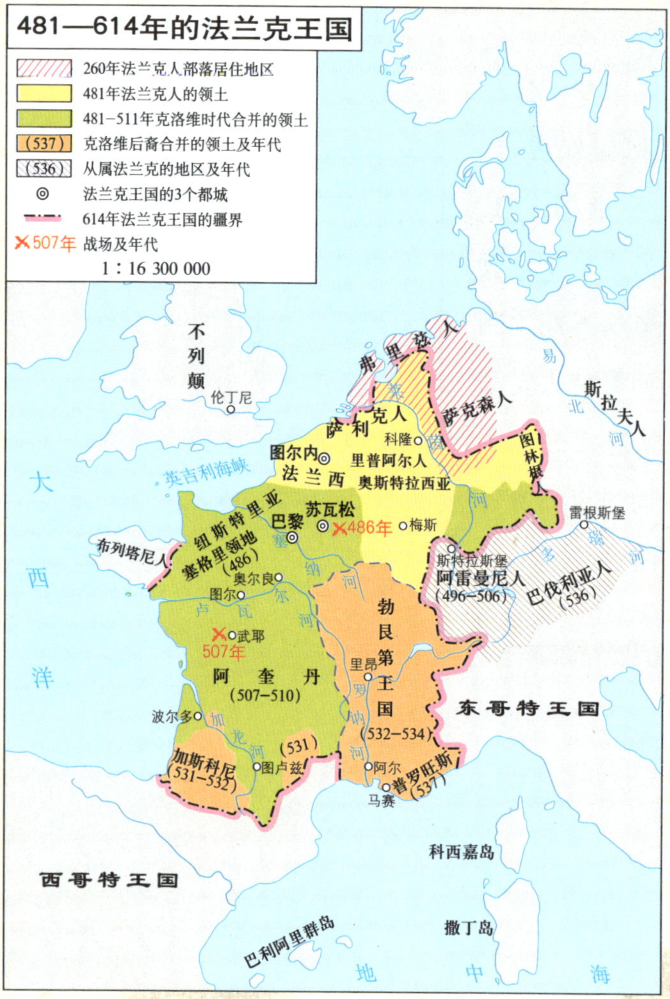

时代总述

486 年，法兰克人首领克洛维消灭了西罗马帝国在北高卢的残余势力，然后建立了法兰克王国的墨洛温王朝。511 年，克洛维去世。他的四个儿子分割继承了国土，并合力于 534 年吞并了勃艮第王国。

558—561 年是克洛塔尔的统治时期，当时王国曾取得了短暂的统一，此后王国又被分为奥斯特拉西亚、纽斯特里亚和勃艮第。达戈贝尔特时期（623—639 年在位），王国重新统一。639 年，达戈贝尔特死后，王国陷入长期的政治动荡，权力逐渐落入掌管宫廷事务和王室地产的宫相手中。这一时期，由于阿拉伯人的扩张和地中海贸易的断绝，金币、纸草等古典文明的重要载体逐渐在高卢消失。

法兰克社会带有部落制社会的痕迹，贵族对国王的忠诚是统治的基础，法兰克自由战士与其追随的贵族结成庇护关系。在整个高卢，法兰克人在人口中的比例很小，可能只有2%，他们主要集中于北方。高卢的主体居民是高卢－罗马人。

克洛维的画像

由上可知，法兰克王室采取国王死后诸子分割领地的继承制度，这一制度使王国经常处于分裂、混战和再统一的状态。7世纪后，随着高卢地区经济的逐渐恢复，贵族和教会的财富开始增长，自由民出于各种原因，放弃了自由身份和自由地所有权，投献为某个贵族的依附民。尽管法兰克社会仍然存在为数不少的奴隶，但随着征服战争的减少，奴隶的数量在下降。在地方治理中，国王很少与农民发生直接联系，伯爵是地方的实际管理者。

历史大事与历史现象

墨洛温王朝的建立

法兰克人是日耳曼人的一支，3世纪定居于莱茵河下游地区，主要有萨利克和里普阿尔两个部族。随着罗马帝国的衰落，法兰克人逐步渗入高卢北部，其政治、社会和文化等方面受到了罗马的影响。481年，克洛维成为萨利克人的首领后，开始全力向南扩张。486 年，他击溃了西罗马帝国在高卢的残余势力，占领了高卢大部分地区，建立了墨洛温王朝，以巴黎为首都。

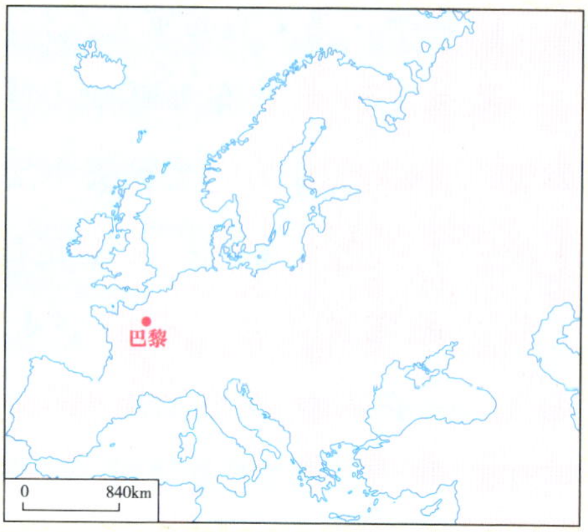

巴黎
0
840km

《萨利克法典》

克洛维创立墨洛温王朝后，颁布了《萨利克法典》。当时，高卢所有的日耳曼部落都遵守这一法典。《萨利克法典》虽然是法兰克人的法典，但不完全是所谓“蛮族”的法律。它吸收了帝国时代的罗马法，部分内容可以追溯到 4 世纪，这表明当时的法兰克人已是农牧民，由罗马化的贵族统治。

《萨利克法典》的主要内容是刑法和程序法，反映了当时法兰克的社会关系，如杀人赔偿金的等级化：自由人和非自由人被杀后的赔偿金是不同的。它也包括民法的内容，如规定只有男性才能继承土地。

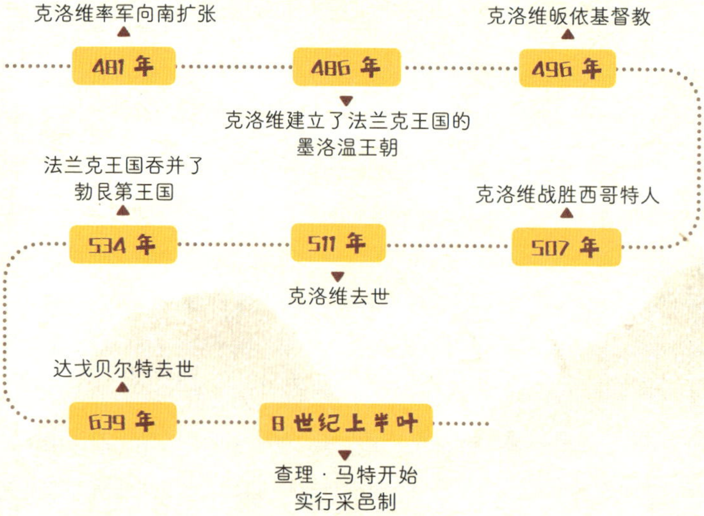

克洛维率军向南扩张
481 年
486 年
克洛维建立了法兰克王国的墨洛温王朝
496 年
克洛维皈依基督教
507 年
克洛维战胜西哥特人
511 年
克洛维去世
534 年
法兰克王国吞并了勃艮第王国
639 年
达戈贝尔特去世
8 世纪上半叶
查理 · 马特开始实行采邑制

哥特武士

采邑制

法兰克国家的封建领地制经济是西欧封建经济的早期形式，奠定了中世纪封建领地制经济的基础。在法兰克王国的早期阶段，国王把大量被征服的土地无条件赏赐给受封者。然而，到了宫相查理·马特掌管王国时期，他确立了采邑制。这一制度有如下特点：农民与土地连带封赐，土地不得世袭，权利与义务并存。在采邑制下，受封者享有来自封地的各种权利，但要承担贡赋和军役。采邑制属于封建土地制度的早期阶段。

隋朝和唐朝

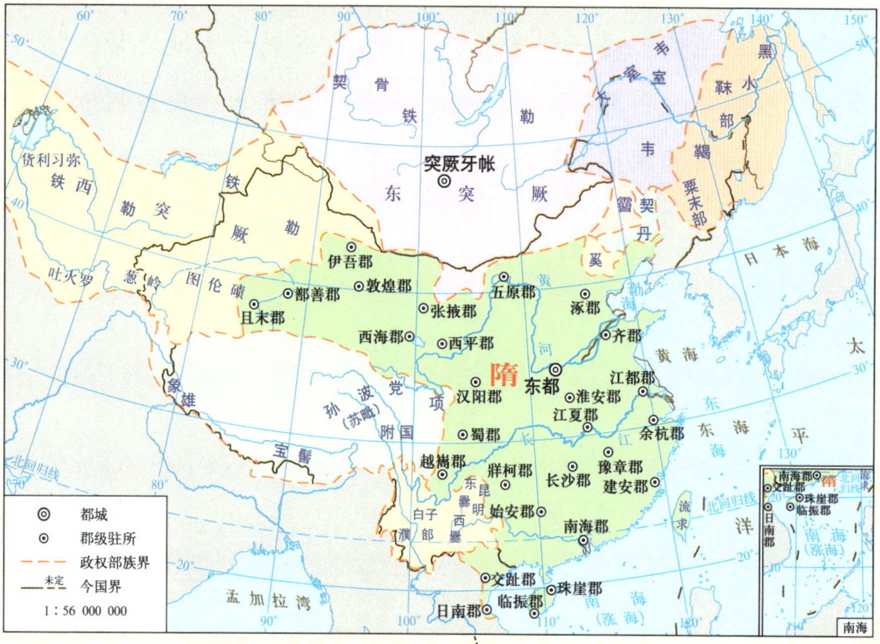

隋朝全图（612年）

时代总述（隋）

大定元年（581年），北周丞相杨坚废周静帝，建立隋朝，改元“开皇”，史称“隋文帝”。开皇九年（589年），文帝派大军灭掉了南朝陈，统一全国。在位时，他有如下功绩：实行均田制，搜查隐漏农户，削弱豪强，减轻课役，兴修水利；确立三省制，简化地方行政机构；废除九品中正制，以考试选拔人才，九品以上地方官吏均由中央任免；制定开皇律，改革府兵制，加强中央集权。晚年时，他用法严峻，导致社会矛盾加剧。

仁寿四年（604年），太子杨广杀文帝即位，史称“隋炀帝”。在位期间，杨广的功绩如下：营建东都，开掘大运河；完善三省六部制，省并州县，整顿户籍；兴办学校，确立科举制。然而，他好大喜功，十余年间，役使农民不下一千万人次，严重破坏社会生产。他还三次发兵高丽，导致兵役繁重。

自大业七年（611 年）起，各地爆发了农民起义，豪族也乘机起兵，逐渐形成了全国规模的农民战争高潮。大业十二年（616 年）后，隋朝境内形成了三大起义军，即河南瓦岗军，河北窦建德军，江淮杜伏威、辅公祏军。起义军镇压地主官吏，歼灭隋军主力，使隋朝统治土崩瓦解。豪族官僚梁师都、刘武周、李渊等乘机割据一方。大业十四年（618 年），炀帝死于江都，李渊趁机在长安称帝，建立唐朝。

隋朝开创了科举制，对中国历史产生了深远影响。魏晋南北朝时，政府以九品中正制为选官制度，维护贵族特权，隋文帝废此制，于开皇七年（587 年）设志行修谨、清平干济二科。炀帝时，朝廷始置进士科，这被视为科举制的开端。科举制的主要特点在于朝廷设科取士，士子自由报考，最终依考试成绩决定录取与否。通过各科考试，合格者可被录用为官。科举制的创立，是中国古代选官制度的一大变革。

大运河的开凿也是隋朝的历史贡献。为了加强南北交通，巩固隋王朝的统治，自大业元年（605 年）起，隋朝陆续开凿了一条贯通南北的大运河。大运河的开通，加强了南北地区政治、经济和文化交流，但它的开凿耗费了大量人力和财力，是导致隋朝灭亡的原因之一。

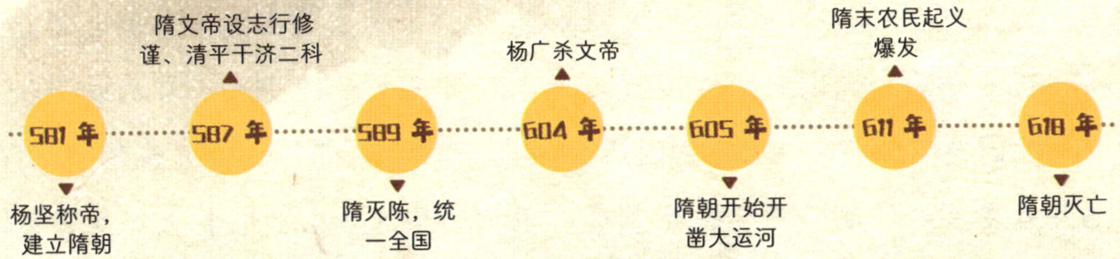

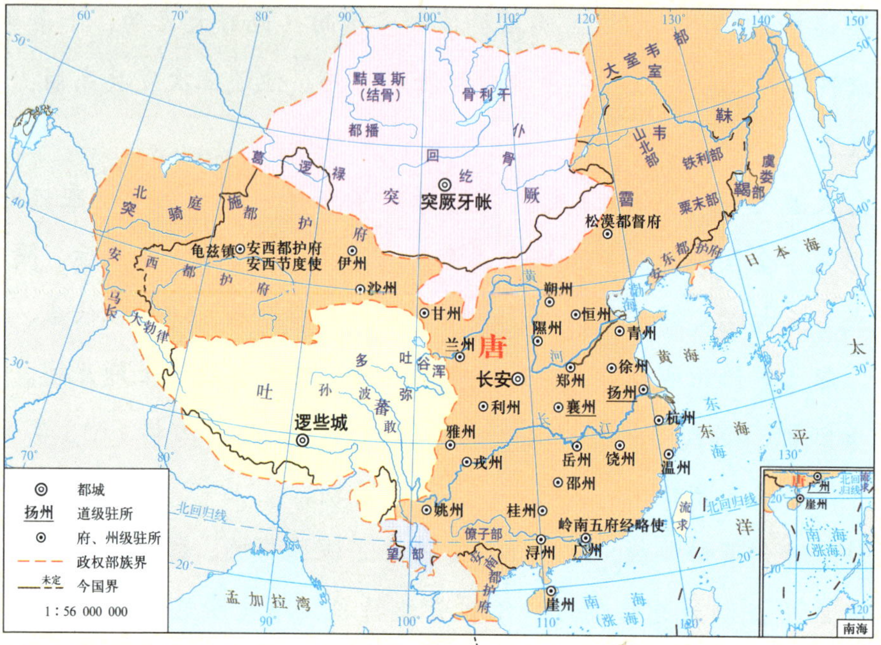

唐朝全图（741 年）

时代总述（唐）

隋末，多地发生农民起义，原镇守太原的官僚李渊趁机起兵反隋。隋炀帝被杀后，李渊于 618 年称帝，国号“唐”，定都长安。随后，他消灭了各支起义军和割据势力，平定了全国。玄武门之变后，李世民即位，史称“唐太宗”。太宗在位期间，吸取隋朝速亡的教训，轻徭薄赋，减省刑罚，加强对地方官吏的考核，重用人才，虚心纳谏。当时，社会安定，经济发展，国力增强，文教昌盛，史称“贞观之治”。

太宗死后，李治即位，史称“唐高宗”。他的皇后武则天与他共掌朝政。高宗死后，武则天相继废掉两个已经做了皇帝的儿子，自己取而代之，改国号为“周”。她是中国历史上唯一的女皇帝。武则天统治时期，她大力发展科举制，开创殿试制度，不拘一格选拔人才，扩大了统治基础。武则天还劝农桑，薄赋敛，息干戈。这一时期，唐朝的社会经济得以持续发展，边疆得到巩固和开拓。武则天的孙子唐玄宗即位后，稳定政局，励精图治，重用贤能，进行了一系列改革。他在位前期的年号为“开元”，当时政局稳定，经济繁荣，唐王朝进入鼎盛时期，史称“开元之治”。

唐朝前期，手工业发展到了很高水平；商业繁荣，都城长安是国际性大都会；汉族和一些北方少数民族杂居、通婚，民族之间的交融进一步发展；社会风气开放，充满活力；文学艺术成就斐然，诗歌创作进入黄金时期；中外文化得到交流传播，出现了玄奘、鉴真等历史名人。

开元末年，唐玄宗追求享乐，宠爱杨贵妃，生活奢侈。他还任用李林甫、杨国忠等奸臣，导致政治日趋腐败。当时，社会矛盾日益加剧，边疆形势也紧张起来。各地的节度使逐渐集军权、行政权和财权于一身，势力膨胀。中央与地方的力量对比失去平衡，形成外重内轻的危局。

天宝十四载（755 年），节度使安禄山和部将史思明以诛杨国忠为名，发动叛乱，史称“安史之乱”。战乱持续八年，致使唐朝由盛转衰，逐渐出现了藩镇割据的局面。

唐末，政治腐败，宦官专权，藩镇割据日趋严重。人民承担的赋役繁重，生活困苦，又遇到连年的灾荒，无以为生，从而发动了大规模起义。起义军在黄巢的率领下，转战南北，攻入长安，给唐朝统治以致命的打击。原起义军将领朱温，投降唐朝，镇压起义。907 年，他代唐自立，国号“梁”，史称“后梁”。唐朝至此灭亡。

历史大事与历史现象

隋朝的赵州桥

李春是隋代工匠，曾于开皇、大业年间建造赵州桥。该桥位于今河北省赵县城南洨河上。在世界桥梁史上，其设计与工艺之新为石拱桥的典范，其跨度之大在当时亦属创举。

赵州桥

安史之乱

天宝十四载（755年），平卢、范阳、河东三镇节度使安禄山及其部将史思明，以诛杨国忠为名，在范阳起兵叛乱。短时间内，叛军渡黄河，克洛阳。次年，安禄山在洛阳称帝，国号“燕”。六月，叛军进入长安。玄宗逃往蜀中，肃宗在灵武即位。至德

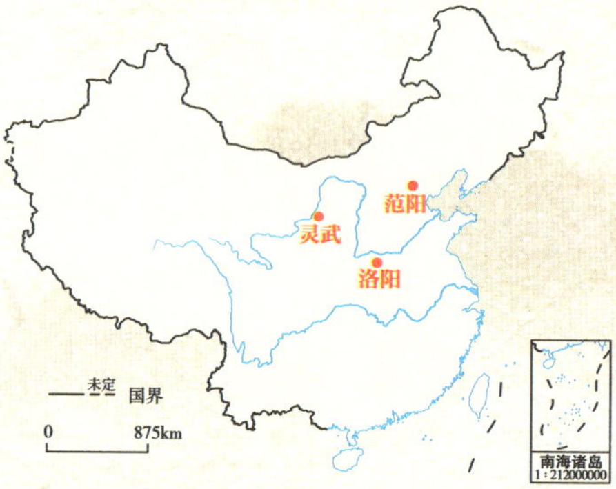

二载（757 年），安禄山被其子安庆绪杀害，唐将郭子仪等收复长安、洛阳，安庆绪退守邺郡。乾元二年（759 年），史思明杀安庆绪，在范阳自称“燕帝”。两年后，史思明被其子史朝义杀害。广德元年（763 年），史朝义自杀，叛乱被平定。

王仙芝与黄巢的起义

乾符元年（874 年），濮州人王仙芝聚众数千人在长垣起义。次年，黄巢起义响应，并与王仙芝合兵。乾符三年（876 年），王仙芝拟接受唐朝招安，遭黄巢等斥责，乃止。他遂与黄巢分兵作战。乾符五年（878 年），王仙芝战死。他的余部多归黄巢，并继续与唐朝斗争，但黄巢最终以失败告终。

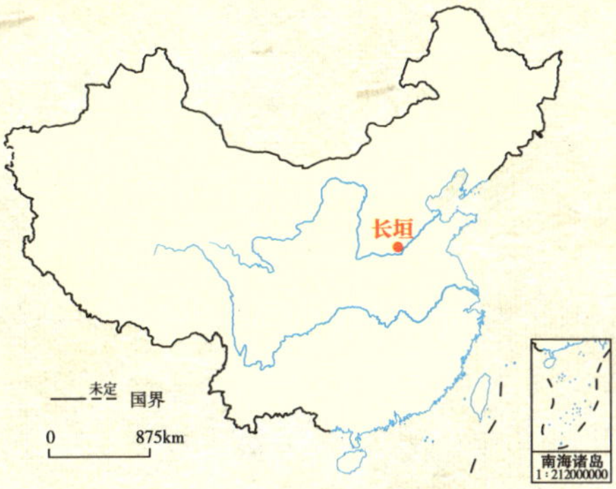

查理帝国

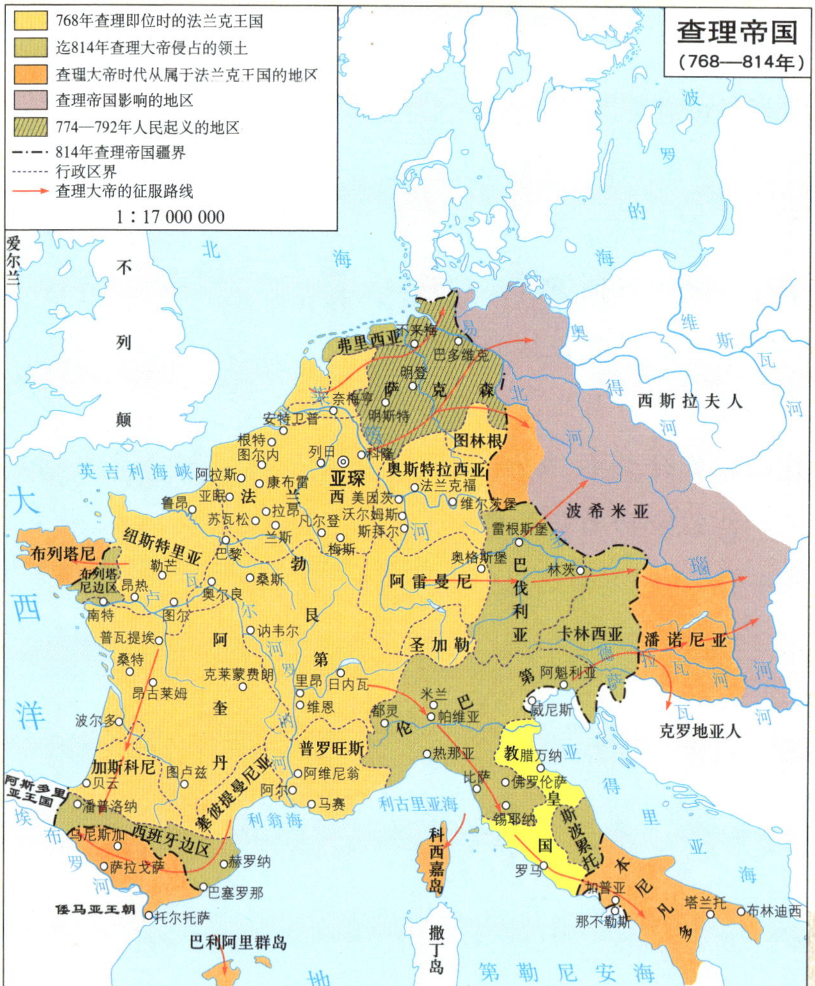

768年查理即位时的法兰克王国
迄814年查理大帝侵占的领土
查理大帝时代从属于法兰克王国的地区
查理帝国影响的地区
774—792年人民起义的地区
814年查理帝国疆界
行政区界
查理大帝的征服路线
1∶17 000 000
查理帝国
（768—814年）
爱尔兰
不列颠
北海
波罗的海
英吉利海峡
大西洋
弗里西亚
来梅
巴多维克
明登
萨克森
奈梅亨
明斯特
安特卫普
根特
图尔内
列日
科隆
亚琛
图林根
奥斯特拉西亚
阿拉斯
亚眠
康布雷
鲁昂
苏瓦松
拉昂
法兰西
凡尔登
沃尔姆斯
美因茨
法兰克福
维尔茨堡
斯特拉斯堡
梅斯
兰斯
巴黎
纽斯特里亚
勃艮第
布列塔尼
布列塔尼边区
勒芒
昂热
南特
图尔
奥尔良
桑斯
阿雷曼尼
雷根斯堡
奥格斯堡
巴伐利亚
林茨
波希米亚
西斯拉夫人
易北河
奥得河
维斯瓦河
莱茵河
多瑙河
普瓦提埃
桑特
讷韦尔
阿奎丹
克莱蒙费朗
昂古莱姆
波尔多
里昂
维恩
日内瓦
圣加勒
卡林西亚
潘诺尼亚
阿魁利亚
威尼斯
克罗地亚人
米兰
帕维亚
伦巴第
都灵
热那亚
比萨
佛罗伦萨
教皇国
拉万纳
斯波累托
锡耶纳
罗马
贝内凡托
加普亚
那不勒斯
塔兰托
布林迪西
普罗旺斯
阿维尼翁
阿尔
马赛
塞彼提曼尼亚
加斯科尼
图卢兹
贝云
潘普洛纳
阿斯多里亚王国
西班牙边区
乌尼斯加
萨拉戈萨
赫罗纳
巴塞罗那
托尔托萨
倭马亚王朝
巴利阿里群岛
利古里亚海
利翁海
科西嘉岛
撒丁岛
第勒尼安海
亚得里亚海
墨西拿
西西里岛
地中海

时代总述

687年，赫斯塔尔的丕平成为统一的法兰克王国墨洛温王朝的宫相。他的儿子查理·马特任宫相时（714—741年），曾击退阿拉伯人的进攻（普瓦提埃战役），并开始推行军事采邑制。751年，查理·马特之子矮子丕平推翻了墨洛温王朝，建立了加洛林王朝。

768年，矮子丕平去世，王国由他的两个儿子卡罗曼和查理共治。771年，卡罗曼去世后，查理成了唯一的统治者。他在位期间，推行武力扩张政策。772—804年，他对中欧发动征服战争，占领了萨克森等地区。774年，查理攻占意大利北部的伦巴第，控制了意大利大部分地区。778—801年，他与占据伊比利亚半岛的阿拉伯人多次交战，在半岛东北部建立了西班牙边区。796年，查理击败游牧部落阿瓦尔人，把领地扩展到多瑙河流域。在位期间，他共进行了50多次战争，使法兰克王国成为控制西欧大部分地区的大帝国，其疆域西邻大西洋，东至易北河和波希米亚，北起北海，南迄埃布罗河和意大利中部。

查理大帝半身像

800年，查理前往罗马，裁决罗马贵族与教皇利奥三世的冲突。当年圣诞节，查理被利奥三世加冕为“罗马人的伟大皇帝”，史称“查理大帝”。

查理大帝大力加强中央集权，设置边区（马克），并分全国为若干郡，委任藩侯及伯爵治理，并经常派使节巡视地方。他还修订法律，改革币制，奖励学术文化的发展，派人大量搜集和抄写古典文献，为保存和传播古典文化做出了重要贡献。查理大帝时代，出现了所谓加洛林王朝的“文艺复兴”。

查理帝国虽然强盛一时，但境内各地区、各部族之间缺乏经济和文化上的联系。814 年，查理大帝去世，帝国逐渐走向解体。843 年，他的三个孙子签订了《凡尔登条约》，帝国宣告分裂。

- 687 年：赫斯塔尔的丕平成为墨洛温王朝的宫相
- 751 年：矮子丕平建立了加洛林王朝
- 756 年：丕平献土
- 768 年：矮子丕平去世
- 771 年：卡罗曼去世
- 772—804 年：法兰克王国对中欧发动征服战争
- 774 年：法兰克王国攻占意大利北部的伦巴第
- 796 年：法兰克王国把领地扩展到多瑙河流域
- 800 年：查理大帝加冕
- 814 年：查理大帝去世
- 843 年：查理大帝的三个孙子签订了《凡尔登条约》

历史大事与历史现象

丕平献土

751 年，矮子丕平在罗马教皇的支持下废黜墨洛温王朝的末代君主，自称法兰克王国的国王。为了报答教皇，他两度率兵进攻威胁教皇的伦巴第人，并取得胜利。756 年，矮子丕平将腊万纳至罗马一带地方赠给教皇，史称“丕平献土”，由此奠定了教皇国的基础。

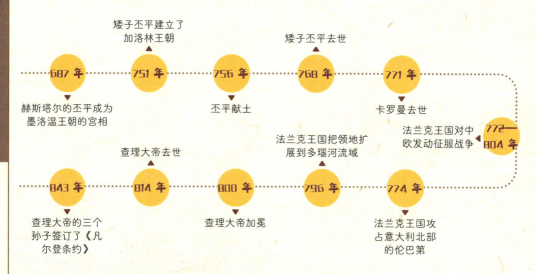

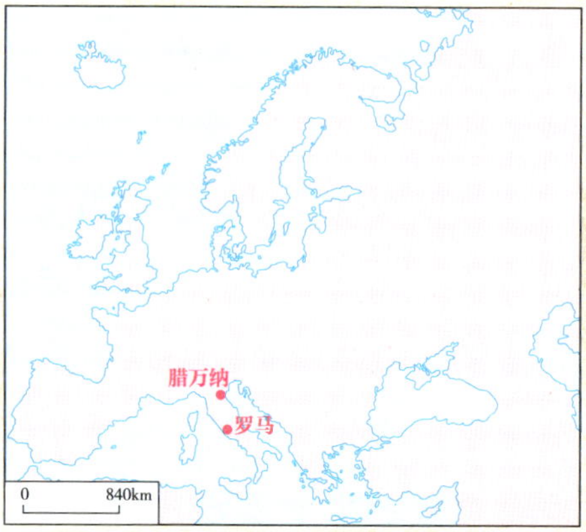

《凡尔登条约》

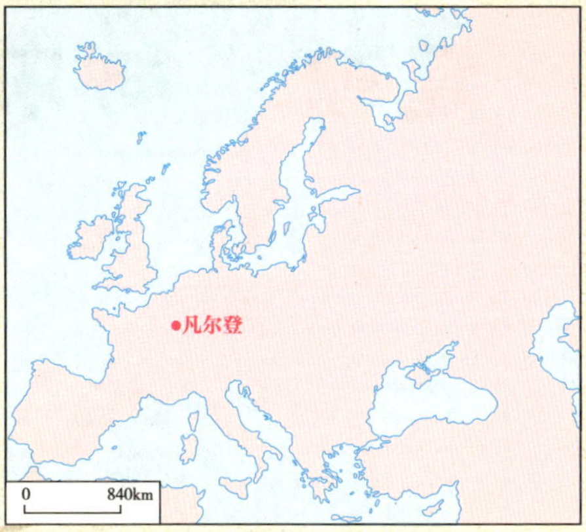

843 年，查理大帝的三个孙子在凡尔登签订了划分领土的条约，即《凡尔登条约》。这一条约规定：长孙罗退耳承袭帝号，领有自莱茵河下游迤南，经罗讷河流域至意大利中部地区，成立中法兰克王国；查理分得埃斯考河、马斯河、罗讷河以西地区，成立西法兰克王国；路易分得莱茵河以东地区，成立东法兰克王国。这三个王国奠定了后来意、法、德三国的雏形。

辽朝、两宋、西夏和金朝

辽、北宋、西夏时期全图（1111 年）

时代总述

947 年到 1279 年是我国从多个政权并立逐步走向国家统一的历史时期。这一时期的主要政权有契丹族建立的辽，汉族建立的北宋和南宋，党项族建立的西夏和女真族建立的金。

960 年，后周大将赵匡胤在陈桥驿发动兵变，并被他的部下拥立为皇帝。不久，他夺取后周政权，以开封为都城，号“东京”，建立宋朝，史称“北宋”。赵匡胤就是宋太祖。靖康二年（1127 年），金军攻破东京，北宋的两位皇帝徽宗和钦宗被俘虏北去，这一事件史称“靖康之变”，北宋至此灭亡。此后，宋钦宗的弟弟赵构登上皇位，定都临安府，重建宋

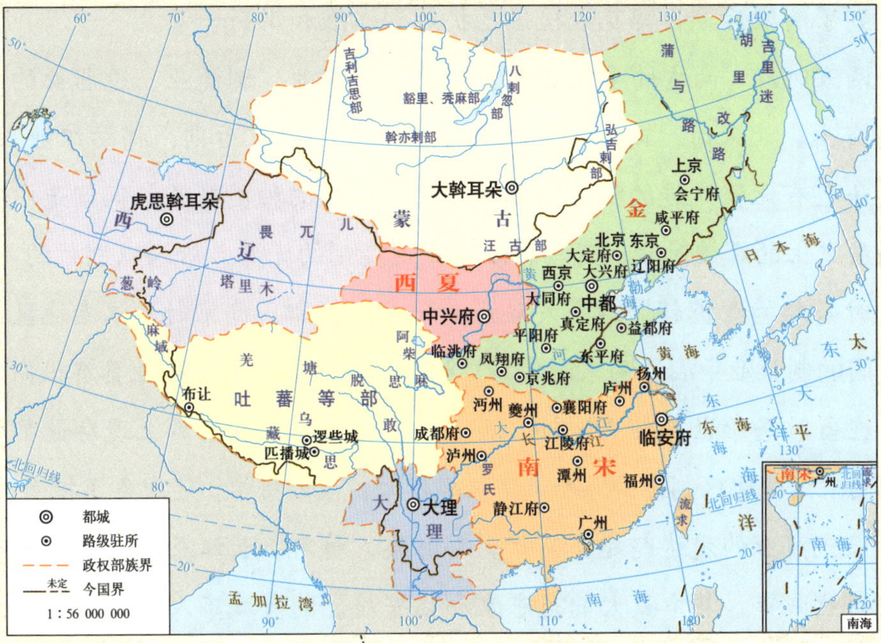

金、南宋、西夏时期全图（1208 年）

朝，史称“南宋”。赵构即宋高宗。为了收复失地，岳飞等抗金将领率军北伐，取得了很大战果。然而，宋高宗和权臣秦桧一意求和，以十二道金牌下令岳飞退兵。后来，岳飞因“莫须有”的罪名被杀害，宋金形成对峙局面。德祐二年（1276 年），元军攻陷临安府。祥兴二年（1279 年），元军在厓山之战中击败了南宋的残余势力，南宋灭亡。

两宋时期，人口增加，垦田面积扩大，耕作技术提高，农业获得了前所未有的发展。南方的水稻种植面积迅速增长。由越南传入的占城稻，成熟早，抗旱力强，北宋时被推广到东南地区。在宋朝，水稻的产量跃居所有粮食作物的首位。当时，长江下游和太湖流域成为丰饶的粮仓，出现了“苏湖熟，天下足”的谚语。

宋代的经济作物在南方有很大的发展。南方各地普遍种植茶树，产茶的州县比以往有所增加。北宋至南宋初，种植棉花的地区限于今广东和福建。到了南宋后期，棉花种植区已扩展到江淮和川蜀一带。

两宋时期，南方的手工业非常繁荣，纺织业、制瓷业、造船业的成就尤为突出。北宋时，南方的丝织业胜过北方。南宋后期，棉纺织业兴起，海南岛已有比较先进的棉纺织工具，棉纺织品的种类较多。宋朝是中国瓷器发展史上的辉煌时代。定窑、汝窑等地烧制的瓷器，给人以别致的美感。北宋时兴起的景德镇，后来发展成为著名的瓷都。南宋时，江南地区已成为我国的制瓷业中心。两宋时代，广州、泉州、明州的造船业具有很高的水平，在当时居于世界领先地位。北宋东京郊外，建有世界上现存最早的船坞。南宋沿海地区制造的海船，不仅规模大，设计科学，还配备了指南针。

宋代商业的发达超越了前代。那时候，黄河、长江及运河沿岸兴起了很多商业城市，其中最大的是东京和临安府。随着城市人口的增长，商业日益繁盛，城市中的店铺不断增加，经商时间也不再受到限制，出现了早市和夜市。当时，市场上的商品琳琅满目，客商往来不绝，呈现出一派繁荣的景象。

商贸的繁荣促进了货币交易量的增长，而市场上长期流通的是金属货币，携带起来很不方便。北宋前期，四川地区出现“交子”，这是世界上最早的纸币。南宋时，纸币发展成与铜钱并行的货币。

宋朝的海外贸易也超过前代，成为当时世界上从事海外贸易的重要国家。广州、泉州是闻名世界的大商港。中国商船的踪迹，近至朝鲜、日本，远达阿拉伯半岛和非洲东海岸。南宋的外贸所得，在财政收入中占有重要地位。

北宋时代，周边民族先后建立了辽、西夏、金等政权，与北宋并立。北宋灭亡后，南宋偏安于南方，北方则被金朝占据。

10 世纪初，契丹迭剌部人耶律阿保机统一了契丹八部，控制了邻近的室韦、女真等族。907 年，他取代遥辇氏任联盟长，后平定诸弟之乱，任用汉人韩延徽等，改革礼俗，建筑城郭，制作契丹文字，发展农商。916 年，耶律阿保机称帝，建立契丹国家，年号“神册”。大同元年（947 年），辽太宗改国号为“辽”。保大五年（1125 年），辽被金灭国。

生活在我国西北地区的党项族，原属羌族的一支。唐朝时，党项族在今甘肃东部、陕西北部一带生活，与中原地区有了较多的接触，社会生产有所发展。1038 年，党项族首领元昊称大夏皇帝，定都兴庆府，史称“西夏”。宝义二年（1227 年），西夏亡于蒙古。

女真族是我国古老的民族之一，居住在黑龙江流域和长白山一带，过着游牧渔猎的生活。辽宋时期，女真族受辽的控制和压迫。当时，女真族有很多部落，其中的完颜部逐渐兼并了许多部落。1114 年，完颜部首领阿骨打率两千五百人誓师反辽。1115 年，完颜阿骨打称帝，国号“金”，年号“收国”。天兴三年（1234 年），蒙古与宋联合灭金。

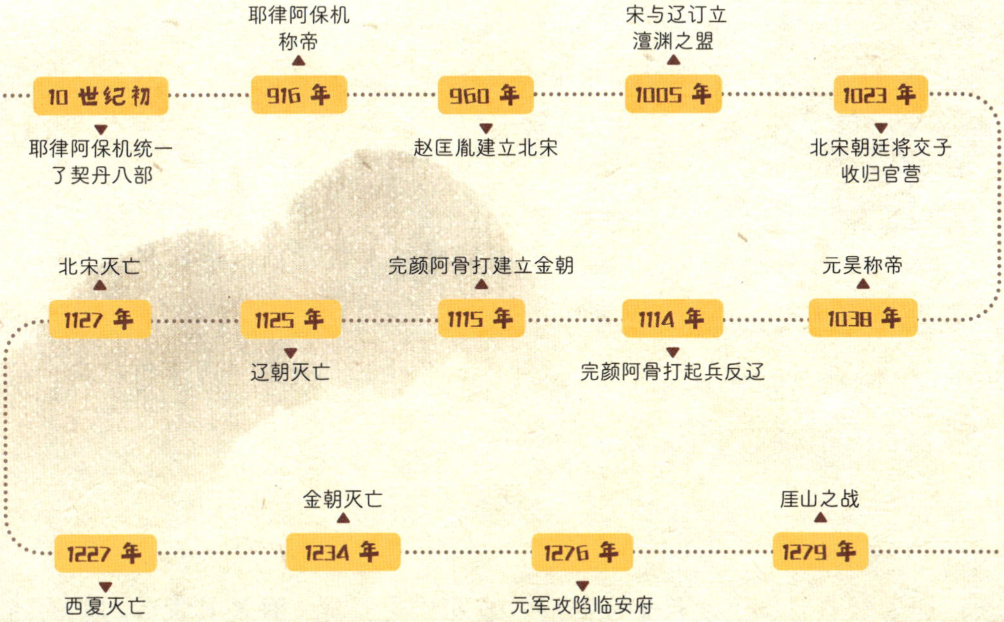

历史大事与历史现象

杯酒释兵权

建隆二年（961年），赵匡胤与大臣赵普定策，召集石守信、王审琦等禁军将领宴饮，以高官厚禄为条件，解除了石、王等人的兵权。开宝二年（969年），赵匡胤又用同样的手段，免除了王彦超、武行德、郭从义等节度使的职务，消除了藩镇割据的隐患。史称这一系列事件为“杯酒释兵权”。

澶渊之盟

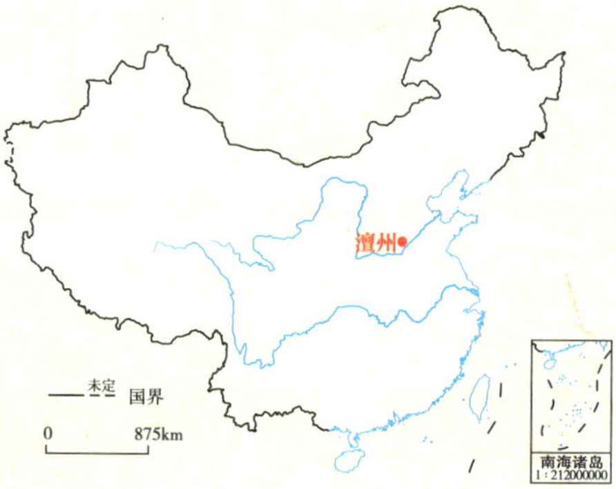

北宋景德元年（1004年），辽承天太后与圣宗亲率大军南下，深入宋境。宋大臣王钦若等人请宋真宗迁都南逃。宰相寇准表示反对，并促请真宗亲征。于是，真宗至澶州督战。宋军坚守辽军背后城镇，澶州守军又射死辽大将萧挞凛。辽军恐腹背受敌，希望与宋军议和。真宗一向主张议和，便派人赴辽营谈判。当年十二月（1005年1月），宋与辽订立和约，由宋每年输辽“岁币”银十万两、绢二十万匹。因澶州亦名“澶渊郡”，故史称这一和约为“澶渊之盟”。

宋真宗像

交子

北宋初年，交子发行于成都府。最初，交子是一种初具货币功能的活期存款单，由私营交子铺发行。不过，后来出现了无法兑现及诈伪等问题。天圣元年（1023年），北宋朝廷将交子收归官营，并设置了益州交子务。从此，交子成为四川地区的法定货币。

蒙古汗国

时代总述

成吉思汗是古代蒙古首领、军事家和政治家，名铁木真。铁木真出自蒙古乞颜部孛儿只斤氏族。12世纪末13世纪初，他先后统一蒙古诸部，于1206年被推为大汗，称“成吉思汗”（蒙古语“海洋”或“强大”之意），建立蒙古汗国。

1205年和1207年，成吉思汗侵入西夏，掠走大批财物。1209年，他再次发兵西夏，还引黄河水淹灌西夏都城中兴府。迫于形势，西夏向成吉思汗请和。

1211年，成吉思汗率大军南下，进攻金朝。当时，金朝社会危机重重，政治腐朽，经济凋敝，财政拮据，阶级矛盾和民族矛盾激化，无力抵御蒙古军队。据守野狐岭的金军号称40万，却一触即溃。1213年，缙山一战，金军的精锐被消耗殆尽。1215年，蒙古军占领金中都。

1218年，成吉思汗命大将哲别西征西辽。西辽原是辽宗室耶律大石西迁后，于12世纪20年代在中亚建立的政权。1208年，被蒙古击败的乃蛮部太阳汗之子屈出律逃到西辽。1211年，屈出律和花剌子模合谋，夺取了西辽政权。哲别率军2万，一举击破西辽军。屈出律被杀，西辽灭亡。

1219年，成吉思汗率20万大军西征，向花剌子模发动战争。花剌子模有40万精锐部队，但因分驻各地，不能集中御敌，所以陷入被动挨打的不利局面。至1220年，蒙古军队接连攻下讹答剌、尼沙普尔、撒马尔罕等重要城镇。几年内，花剌子模王国就被蒙古人消灭了。

1226年，成吉思汗再次出征西夏。1227年7月，西夏灭亡。同月，成吉思汗病死于军中。1229年，他的第三子窝阔台成为大汗。1234年，窝阔台灭亡了金朝。

1235年，窝阔台决定派成吉思汗长子术赤的次子拔都率军西征。1236年，蒙古军进入钦察草原，击败游牧的钦察人，然后进入俄罗斯平原。至1240年，俄罗斯绝大部分地区被蒙古军队占领。1241年，拔都分兵两路，北路军进攻波兰，拔都亲率南路主力进攻匈牙利。北路军攻占克拉科夫和桑多米尔等城市，后南下匈牙利与主力部队会合。在南线，蒙古军队横扫匈牙利全境。1241年11月，窝阔台去世。拔都闻讯，停止西征。

窝阔台死后，蒙古汗国的政局动荡。1251年，成吉思汗之子拖雷的长子蒙哥成为大汗，他着手巩固权力，并派军出征。1253年，蒙哥派遣其弟旭烈兀西征。1258 年，旭烈兀攻陷阿拉伯帝国的首都巴格达，历时 500 余年的阿拔斯朝阿拉伯帝国灭亡。1260 年，他攻占大马士革，直抵巴勒斯坦海岸，准备进攻埃及。这时，蒙哥的死讯传来，于是旭烈兀留下少量军队驻守叙利亚，自己率主力东归。后来，他在中亚和伊朗地区建立了伊利汗国。

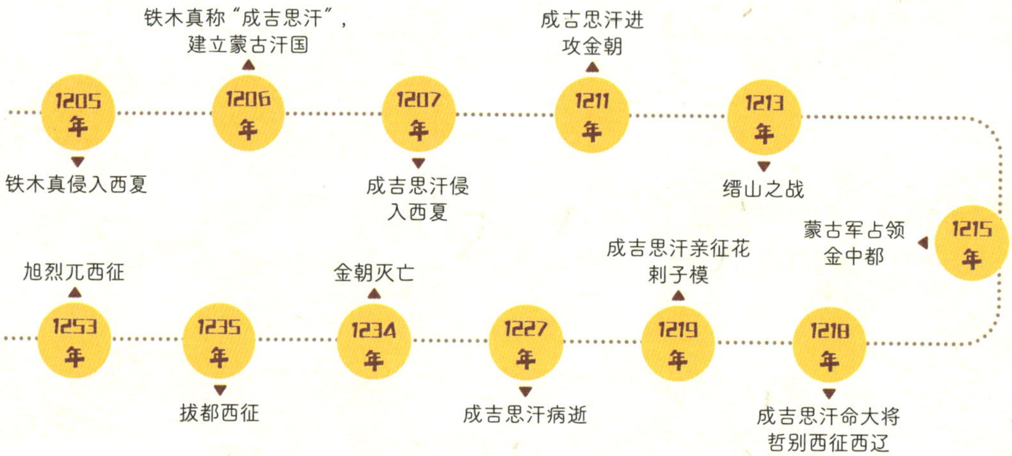

历史大事与历史现象

千户制

蒙古汗国初期，成吉思汗将蒙古牧民编为 95 个千户，每个千户由千户长统领，千户之上为万户，千户之下是百户、十户。千户既是军事组织单位，又是地方行政组织。

千户制出现之前，蒙古牧民分属不同的部落。随着他们被编入不同的千户，各部落间的界限渐渐消失，开始形成共同的蒙古民族，成吉思汗对此起了积极的历史作用。

蒙古西征的积极意义

蒙古西征的重要后果是促进了东西交通与文化交流。由于汉帝国和罗马帝国的崩溃，古代亚欧大陆的交通中断了千年之久，是蒙古人把它成功恢复了起来。当时，蒙古人把从波罗的海到太平洋，从西伯利亚到波斯湾的亚欧大陆统一于一个大帝国的控制之下，把原来因地理、政治、经济等原因而相互隔绝的文明联结起来，并且在这个辽阔的区域内建立了秩序，实现了和平。

拔都画像

随着蒙古西征，大批汉人进入中亚、西亚及欧洲各地。而随着蒙古军队的东归，又有大批西亚人、中亚人、俄罗斯人和钦察人东来。这些人口的东西迁徙，使东西方文化传布于各地。例如，旭烈兀西征时，曾征调许多汉人工匠、学者随行。伊利汗国建立后，其中多数人留驻该地，成为中国文化的传播者。

9—11 世纪的拜占庭帝国

时代总述

330 年，罗马皇帝君士坦丁一世迁都拜占庭，将其更名为君士坦丁堡。罗马帝国分裂后，东罗马帝国以君士坦丁堡为都城，因此又称“拜占庭帝国”。由于其大部分领土在希腊人居住的地区，所以也称“希腊帝国”。拜占庭帝国以巴尔干半岛和小亚细亚为中心，包括亚美尼亚、叙利亚、巴勒斯坦、美索不达米亚和埃及。

帝国初期，手工业和商业发达，城市繁荣。5 世纪时，帝国度过了奴隶制的危机，自上而下进行改革，逐渐演变为中央集权制国家。

查士丁尼一世执政时，他积极革新内政，对外发动征服战争，空前扩大了帝国的疆域。然而，长期征战耗尽了国力，导致财政枯竭。查士丁尼一世死后不久，其侵占的大部分领土就丧失了。

8—9 世纪，发生了圣像破坏运动。利奥三世（717—741 年在位）利用人民对教会的不满，宣布禁止供奉圣像和圣物，没收教会的土地，并将其分给军事贵族。这一运动虽然加强了军事贵族的势力，促进了社会组织的军事化进程，但同时恶化了帝国与罗马教会的关系。820 年，利奥五世（813—820 年在位）被暗杀，迈克尔二世（820—829 年在位）被拥立为帝，开创了阿摩里亚王朝（820—867 年）。821 年，小亚细亚军区的军官托马以恢复圣像崇拜为号召，发动起义。825 年，托马起义被镇压。

马其顿王朝是帝国的强盛期，当时帝国内部稳定，并开始向外扩张。由于封建关系的逐步确立，土地兼并日益严重，所以大批自由农民沦为农奴。10 世纪初，帝国境内多次爆发农民起义。为了缓和局势，政府不得不限制地主对农民土地的侵占。马其顿王朝末年，帝国国势转衰，在政治和宗教上与西欧的对立日益严重。1054 年，东西方教会正式分裂。

马其顿王朝之后，帝国经历了一个纷争不断的时期。塞尔柱突厥人占据了小亚细亚的大部，使帝国更加衰弱。1071 年，在曼西克特战役中，帝国战败，皇帝罗曼努斯四世（1068—1071 年在位）被塞尔柱人俘虏。

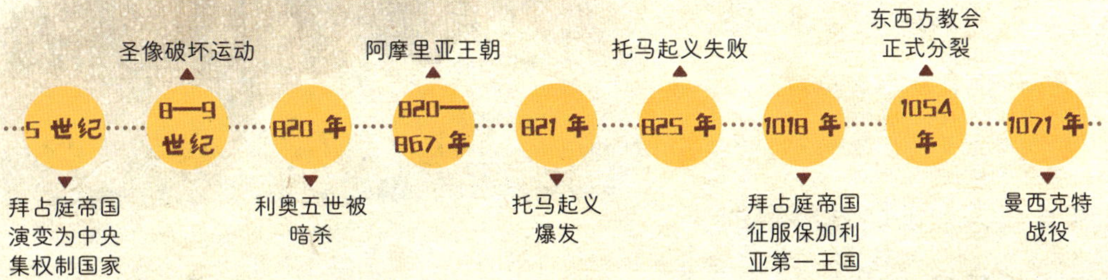

历史大事与历史现象

拜占庭文化

拜占庭帝国的民族构成极为复杂，包括希腊人、叙利亚人、科普特人、亚美尼亚人、格鲁吉亚人及希腊化的小亚细亚人等。在外族入侵期间，哥特人、斯拉夫人、阿拉伯人、土耳其人又涌入帝国境内。经过漫长的历史进程，各族人民逐渐融合。在拜占庭帝国，希腊人在政治经济生活中起决定作用。4—6世纪，帝国的官方语言以拉丁语为主，7—15世纪则以希腊语为主。

杂技表演

拜占庭帝国融合了罗马帝国的政治传统、希腊文化和宗教，创造了具有独特风格的拜占庭文化。在建筑艺术方面，圣索菲亚大教堂以雄伟庄严著称，而皇帝圣宫和竞技场也很有名。帝国保存的希腊、罗马古典文化，对意大利的文艺复兴运动产生了一定影响。

在东西方经济文化交流方面，帝国起过桥梁的作用。历史作家普罗科匹厄斯在《哥特战记》中记载了中国蚕子传入拜占庭帝国的情况。中国史书中也有关于拜占庭的丰富记载。中国从魏晋时代开始，就与拜占庭帝国有贸易、文化联系。中国从拜占庭输入的商品有琉璃、珊瑚、玛瑙等。拜占庭的民间幻术传入中国，与中国传统技艺相结合，逐渐发展成为中国的杂技艺术。

元朝

元朝全图（1280 年）

时代总述

蒙哥汗九年（1259 年），蒙哥死。次年，其弟忽必烈在开平即大汗位。至元元年（1264 年），忽必烈定都燕京（后称“大都”）。至元八年（1271 年），他定国号为“元”，此后逐步统一了全国。

在汉族知识分子的帮助下，忽必烈参照中原历代王朝的统治方式，逐步确立了君主专制的中央集权制度。在中央，中书省掌管全国的行政事务，下设吏、户、礼、兵、刑、工六部，各部分管各项政务；枢密院负责全国的军务，调度全国的军队；御史台负责监察事务。

元朝的疆域“北逾阴山，西极流沙，东尽辽左，南越海表”，今天的新疆、西藏、云南、东北广大地区、台湾及南海诸岛，都在元朝的统治范围之内。元朝把山东、山西和河北称作“腹里”，由中书省直辖。其他地区，除了吐蕃、畏兀儿地区之外，元朝设置了 10 个行省：岭北、辽阳、河南、陕西、四川、甘肃、云南、江浙、江西、湖广。在行省之下，有路、府、州、县。以上制度被称为“行省制度”，对此后的中国历史产生了深远影响。

在元代，边疆各族大量迁入中原和江南，同汉族等杂居相处。原先进入黄河流域的契丹、女真等族，经过长期的共同生活，已同汉族没有什么区别。唐朝以来，不少来自波斯、阿拉伯的人，同汉、蒙、畏兀儿等族长期生活在一起，互通婚姻，逐渐交融，开始形成一个新的民族——回族。元朝境内大规模的人口流动，促进了各族经济、文化的发展与交融。

元朝的统治区域辽阔，为加强各地之间的联系，元朝政府修建了覆盖全国的陆路交通网，建立了四通八达的驿站。元代的陆路向西通往波斯、阿拉伯及俄罗斯等国，使东西方使臣、商人的往来非常方便。此外，元朝海上交通的范围也较宋代有了更大的拓展，海上丝绸之路的发展进入鼎盛时期，与元朝有贸易关系的国家和地区达到了 140 多个。

元朝的戏剧空前发达，出现了元曲。元曲包括散曲、杂剧和南戏等。杂剧把音乐、歌舞、动作、念白融合在一起，成为一种综合性的艺术。元

1271 年 忽必烈建立元朝
1281 年 元朝施行《授时历》
1323 年 南坡之变
1351 年 颍上起义
1356 年 朱元璋攻下集庆
1368 年 元朝灭亡

代最优秀的杂剧作家是关汉卿，他一生创作了许多剧本，代表作是悲剧《窦娥冤》。与关汉卿齐名的杂剧家有马致远、郑光祖、白朴等。关、马、郑、白四人，在明代以后被誉为“元曲四大家”。

历史大事与历史现象

旅行家马可·波罗

在忽必烈时代，意大利旅行家马可·波罗来到中国，并在元朝生活了17年。回国后，马可·波罗在战争中被俘，于狱中口述东方见闻，由同狱比萨人鲁思梯谦笔录成书，即《马可·波罗行纪》。书中记载了大都、济南、开封等许多城市的情况，描述了各地的风土人情和物产，反映了中国的富庶和先进。这本书使欧洲人对东方世界产生了向往。

颍上起义

元末，腐朽的统治、频发的天灾导致民不聊生。栾城人韩山童利用民间宗教开展反元斗争，吸引了河南、江淮间大量民众的信从。

至正十年（1350年），黄河南北流传着“石人一只眼，挑动黄河天下反”的童谣。至正十一年（1351年）四月，元朝廷下诏治理黄河，从汴梁等十三路征发了十五万民众，又从庐州等处十八翼镇戍军抽调了两万人。韩山童等暗中制造了一个独眼石人，在其背部刻上“莫道石人一只眼，此物一出天下反”，并预先埋在将要开挖的河道里。后来，民工果然挖出了石人。由于石人身上的刻字与之前的民谣相合，一时间民意汹汹。

韩山童见时机成熟，便于当年五月，与颍州人刘福通等在颍上杀白马、黑牛，向天地起誓，谋划起兵。谁知，消息竟被意外泄露，当地县官急忙弹压。韩山童遭捕杀，刘福通继续领导起义，攻陷颍州。颍上起义的胜利，极大地提振了各地民众的反元士气。

欧洲文艺复兴

欧洲文艺复兴

时代总述

自 14 世纪中叶起，欧洲发生了一场思想文化运动。这场运动起源于意大利，传播于欧洲，被认为是资本主义时代的曙光。这场思想文化运动就是文艺复兴。

当时，在意大利的佛罗伦萨、威尼斯等地，工商业已经有了一定的发展，一些城市出现了资本主义萌芽。正在形成的资产阶级不满罗马教廷对精神世界的控制，他们对教会宣扬的苦行禁欲、升入天堂的生活态度渐生异议，要求建立一种以人为中心而不是以神为中心的生活哲学。他们提倡发扬人的个性，追求享受现世生活。这种被称为人文主义的思潮逐渐流行，文艺复兴运动应运而生。

文艺复兴是一场反对“神权至上”和提倡人文主义的新文化运动，促进了人们思想的大解放，这一运动前后延续了近300年。文艺复兴的特点是复兴古代希腊罗马的文化，这种复兴不仅是简单的继承，更是在继承基础上的创新。

文艺复兴时期，欧洲涌现出了许多文学家、思想家和艺术家，他们推动了欧洲思想文化领域的繁荣，为欧洲资本主义社会的产生和发展奠定了思想文化基础。

但丁是文艺复兴的先驱，他的代表作是长篇诗《神曲》。《神曲》分为三部分：“地狱”“炼狱”“天堂”。在书中，但丁借梦游三界描写现实生活中的各色人物，抨击教会的贪婪腐化，把许多主教、僧侣甚至教皇打入地狱，表达了市民阶层的情感与理想。但丁与彼特拉克、薄伽丘并称为文艺复兴“文学三杰”。

达·芬奇是文艺复兴鼎盛时期的画家、自然科学家、工程师。他最大的成就来自绘画，他把艺术创作和科学探索结合起来，创作了许多完美生动的人物形象，充分体现了人文主义精神。达·芬奇的代表作有《蒙娜丽莎》和《最后的晚餐》等。《蒙娜丽莎》是达·芬奇为佛罗伦萨一位商人的妻子所画的肖像画，它以现实人物为主题，人物形象神态自若，嘴角含着一丝微笑，显得恬静，似乎又有些哀伤，富有生命的活力。达·芬奇与拉斐尔、米开朗琪罗并称文艺复兴“美术三杰”。

15世纪和16世纪，文艺复兴运动开始传至西欧其他国家和地区。这些国家和地区涌现出了很多著名的文学艺术家，英国的莎士比亚就是其中的代表。

莎士比亚一生创作了30多部戏剧和许多脍炙人口的诗篇。这些作品反映了时代风貌和社会本质，深刻批判了封建道德伦理观念和社会陋习，充分体现了人文主义者的生活理想。《哈姆雷特》《罗密欧与朱丽叶》是他的代表作。

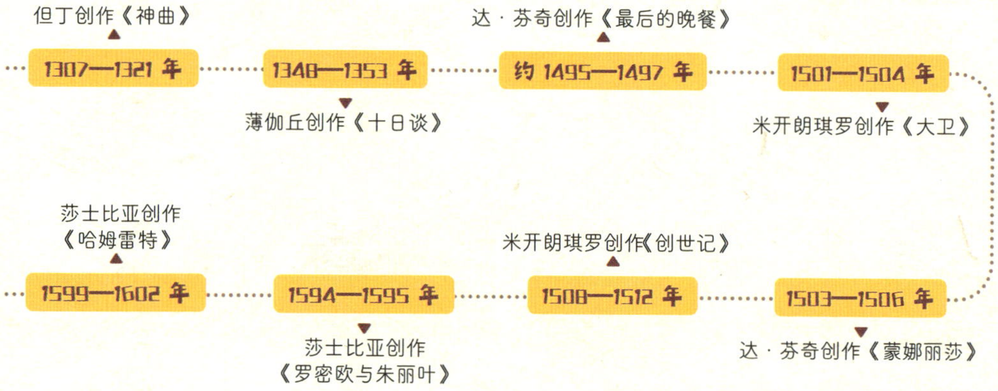
1307—1321年
但丁创作《神曲》
1348—1353年
薄伽丘创作《十日谈》
约1495—1497年
达·芬奇创作《最后的晚餐》
1501—1504年
米开朗琪罗创作《大卫》
1503—1506年
达·芬奇创作《蒙娜丽莎》
1508—1512年
米开朗琪罗创作《创世记》
1594—1595年
莎士比亚创作《罗密欧与朱丽叶》
1599—1602年
莎士比亚创作《哈姆雷特》

历史大事与历史现象

薄伽丘的文学成就

薄伽丘画像

薄伽丘是意大利作家、人文主义的重要代表。年轻时，他曾学习法律，并出入宫廷。他反对封建专制，拥护共和政体。在文学生涯的早期，薄伽丘的创作多取材于古代传说，开辟了意大利散文和小说创作的道路。他写有传奇

《菲洛柯洛》《菲亚美达》，长诗《菲拉斯特拉托》《苔塞伊达》《亚梅托的女神》等。他的代表作《十日谈》包括100篇故事，反映了当时意大利的社会生活，书中谴责禁欲主义，表达了人文主义思想。其作品对欧洲短篇小说的发展有较大影响。

艺术多面手米开朗琪罗

米开朗琪罗是意大利文艺复兴鼎盛时期的雕塑家、画家、建筑师、诗人。其创作受人文主义思想和宗教改革运动的影响，充满现实主义精神和浪漫主义幻想。米开朗琪罗曾为西斯廷教堂绘制巨型天顶画《创世记》及巨型壁画《最后审判》。晚年，他创作的美第奇陵墓雕像《晨》《暮》《昼》《夜》，具有冷静而沉郁的悲剧性质，表现了人物内心激情与意志的矛盾，反映了当时意大利人民在失去自由和独立后的精神状态。他的重要作品有雕塑《大卫》《摩西》《奴隶》等，建筑设计有梵蒂冈圣彼得大教堂的圆顶和加必多利广场行政建筑群等。米开朗琪罗有诗集辑本传世。

明朝

明朝全图（1433年）

时代总述

明王朝的建立者是朱元璋。元至正十二年（1352年），朱元璋参加郭子兴部红巾军，后自立一军。龙凤二年（1356年），他攻下集庆，改名“应天府”。后来，朱元璋接受朱升“高筑墙，广积粮，缓称王”的建议，壮大自己的军力。此后，他逐步消灭陈友谅等割据势力，并于1368年称帝，国号“明”，年号“洪武”，以应天府为京师。朱元璋即明太祖。同年，明军攻克大都，推翻元朝的统治，此后逐步统一了全国。朱元璋在位期间，明朝的社会经济文化有所发展。

朱元璋去世后，其孙朱允炆继位，史称“建文帝”。燕王朱棣通过“靖难之役”，推翻了建文帝的统治，迁都北京。到了明英宗时，发生了著名的“土木之变”，这是明朝国势走下坡路的起点。正统十四年（1449年），瓦剌贵族也先分兵四路攻明。当权宦官王振挟持英宗，率军五十万人亲征，至大同，听说前方小败，王振心中恐惧，便令大军撤退。后来，王振想要英宗临幸他的家乡蔚州，于是变更行军路线。当年八月，明军在土木堡被瓦剌军追及。明军将士饥渴疲劳，仓促应战，死伤过半，英宗被俘，王振也死于乱军中。

明朝中叶，吏治腐败，土地兼并日益严重，封建剥削加剧，农民生活困苦，社会矛盾尖锐。神宗即位后，张居正出任首辅。他前后当国十年，实施了如下改革措施：推行考成法，提高行政效率；清丈土地，使天下田较弘治时增加三百万顷；在全国范围内推行一条鞭法；用谭纶、戚继光等练兵，加强防御鞑靼贵族的攻掠；用潘季驯主持修治黄、淮。通过张居正改革，明朝的财政收入有了显著增加，社会经济有所恢复和发展，社会矛盾得以缓和。

明朝末年，政治腐败越发严重，国家深陷财政危机之中，朝廷不断

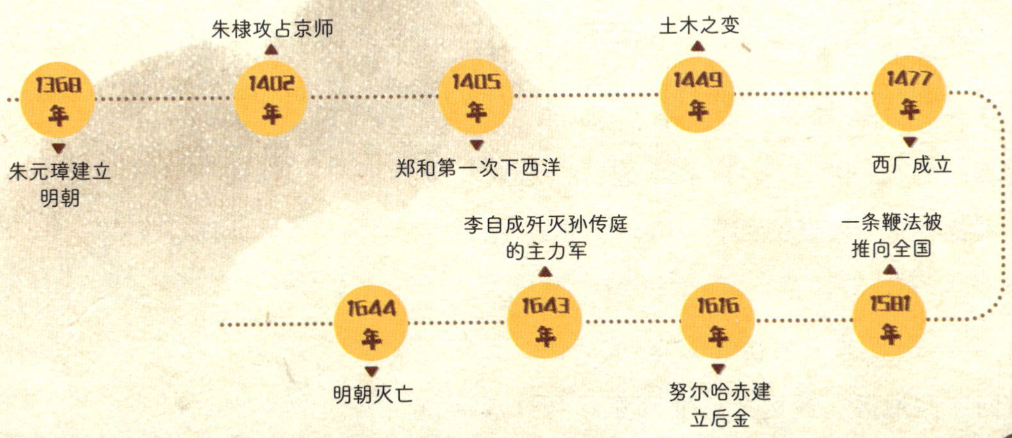

加派赋税，于是广大农民纷纷起义，反抗明朝的统治。在各支农民起义军中，李自成的队伍发展迅速，成为起义的主力军。崇祯十六年（1643年），李自成在河南歼灭明陕西总督孙传庭的主力，不久乘胜进占西安府。崇祯十七年（1644年），他建立大顺政权，年号“永昌”。此后，李自成攻克北京，推翻了明王朝。

历史大事与历史现象

靖难之役

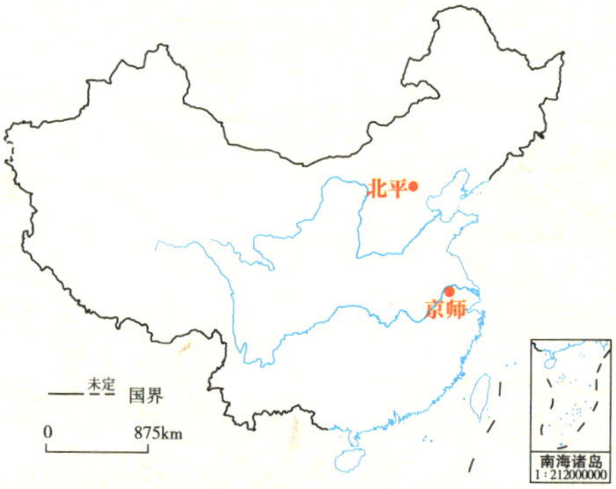

明太祖朱元璋为加强皇权，分封诸子为王。当时，北边各王握有兵权，势力更大。建文帝即位后，用大臣齐泰、黄子澄的计策，先后废削周、齐、湘、代、岷五王。建文元年（1399年），燕王朱棣起兵北平，以讨齐、黄为名，号称“靖难”。建文四年（1402年），燕军破京师，建文帝死于宫火（一说逃亡）。

郑和下西洋

明初，郑和入宫做宦官，从燕王起兵，被赐姓郑，任内官监太监。永乐三年（1405年），郑和率舰队，从刘家港启航，通使西洋，两年而返。此后，他屡次航海。至宣德八年（1433年），郑和共七次出国，遍访三十多个国家和地区，最远曾达非洲东岸和红海海口。

李时珍与《本草纲目》

李时珍是明代医药学家。他出身于医学世家，致力于药物和脉学研究，重视临床实践与革新。李时珍经常上山采药，向农民、渔民、樵夫、药农等请教，并参考历代有关书籍800余种，对药物加以鉴别考证，纠正古代本草书籍中的药名、品种、产地等错误，又收集整理宋元以来民间发现的药物，充实内容，经二十七年著成《本草纲目》。

15 世纪的奥斯曼帝国

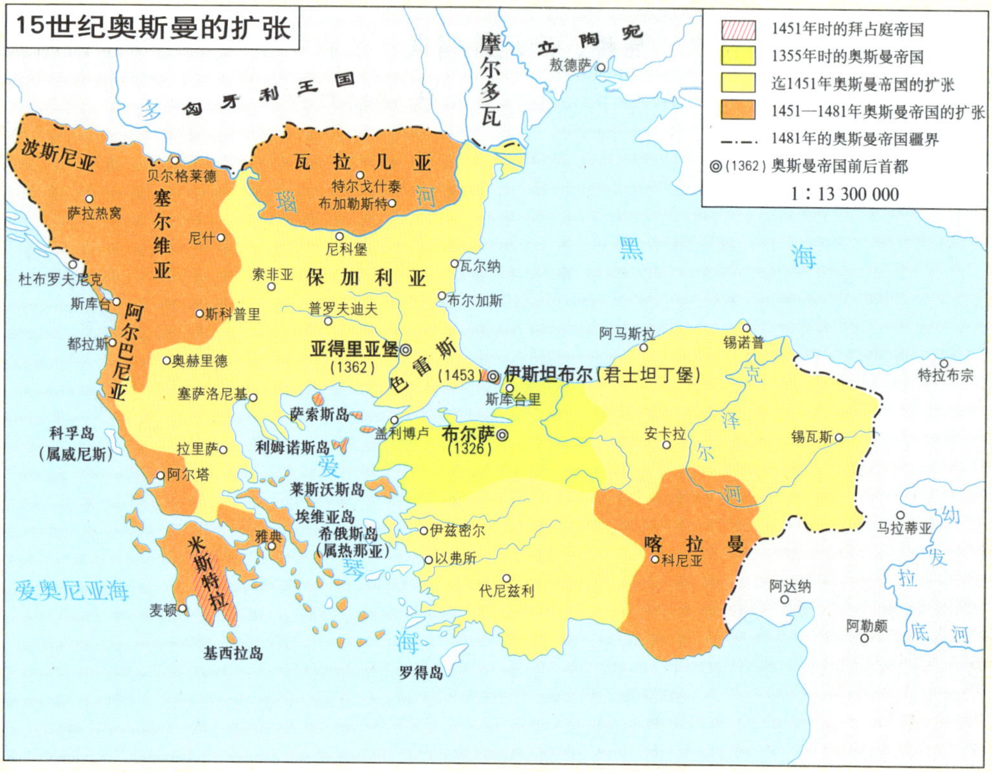

时代总述

奥斯曼帝国亦称“奥托曼帝国”，是奥斯曼土耳其人建立的军事封建帝国。奥斯曼土耳其人为突厥人的一支，原居中亚，信奉伊斯兰教。13世纪初，他们西迁小亚细亚，附属于鲁姆苏丹国，在萨卡里亚河畔得到了一块封地。1299年，酋长奥斯曼一世自称埃米尔，独立建国。

1326年，奥斯曼一世去世，其子乌尔汗继承父位。当年，乌尔汗攻占布尔萨。布尔萨的陷落，标志着拜占庭帝国在小亚细亚的统治开始崩溃。至14世纪中叶，乌尔汗将拜占庭帝国的势力完全逐出小亚细亚，并且吞并了原属鲁姆苏丹国的大部分领地，从爱琴海到黑海的广大地区尽归奥斯曼帝国。

穆拉德一世时期，奥斯曼土耳其人开始大规模进军东南欧地区。1361年，奥斯曼军攻占亚得里亚堡，切断了君士坦丁堡与巴尔干诸国的联系，打开了入侵东南欧的大门。1371年，奥斯曼军在马里扎河畔的塞尔诺文击败了巴尔干半岛的主要对手塞尔维亚人，进而迫使巴尔干诸国向穆拉德一世称臣纳贡。1389年，巴尔干诸国反叛，奥斯曼军与巴尔干联军交战于科索沃平原，联军战败。

1402年，帖木儿率领蒙古突厥军队进攻小亚细亚，与穆拉德一世的继承人巴叶齐德交战于安卡拉平原。结果，奥斯曼军战败，巴叶齐德被俘后忍辱而死，小亚细亚归附帖木儿帝国。帖木儿将奥斯曼帝国的土地分封给巴叶齐德的四个儿子：伊萨、苏莱曼、穆罕默德和穆萨。帖木儿离开后，巴叶齐德的四子互相厮杀，争夺继承权。内战持续了十年之久，穆罕默德先后击败伊萨、穆萨和苏莱曼，于1413年恢复了奥斯曼帝国的统一。

1421年，穆拉德二世即位，并派军进攻君士坦丁堡，迫使拜占庭皇帝割让君士坦丁堡城外除供水区外的所有土地。1444年，奥斯曼军在黑海西岸的瓦尔纳大败匈牙利国王弗拉迪斯拉夫率领的欧洲诸国军队，弗拉迪斯拉夫战死。1448年，穆拉德二世在科索沃平原取胜，洪迪雅统率的匈牙利军队战败求和。穆拉德二世的胜利，巩固了奥斯曼土耳其人在东南欧的统治，巴尔干诸国丧失了反击奥斯曼土耳其人的最后力量。

1453年，穆罕默德二世指挥大军，攻陷君士坦丁堡，历时千年之久的拜占庭帝国最终灭亡。奥斯曼土耳其人将君士坦丁堡改称“伊斯坦布尔”，这座城市成了奥斯曼帝国的首都。

今天的伊斯坦布尔

1299年：奥斯曼一世建立奥斯曼帝国

1326年：乌尔汗攻占布尔萨

1361年：奥斯曼军攻占亚得里亚堡

1389年：巴尔干诸国反叛

1402年：帖木儿率军进攻小亚细亚

1413年：奥斯曼帝国恢复统一

1421年：穆拉德二世即位

1453年：拜占庭帝国灭亡

历史大事与历史现象

巴尔干诸国反叛

1383—1387 年，奥斯曼军先后占领索非亚、尼什等地。1389 年，巴尔干诸国反叛，塞尔维亚人、保加利亚人、波斯尼亚人、匈牙利人和阿尔巴尼亚人组成联军，在塞尔维亚国王拉

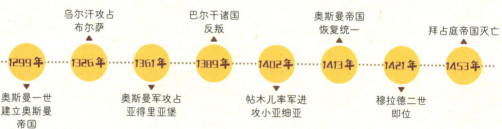

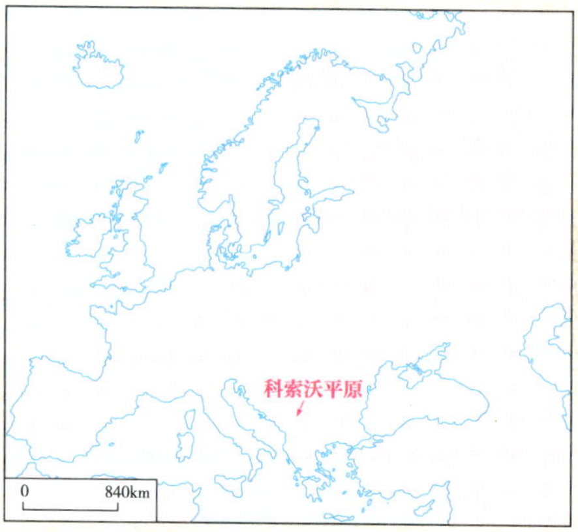

扎尔的统率下进攻奥斯曼军，双方交战于科索沃平原。奥斯曼皇帝穆拉德一世和拉扎尔皆死于战场，奥斯曼军取得胜利。科索沃战役后，巴尔干诸国丧失了独立地位，奥斯曼土耳其人奠定了统治东南欧的基础。

夺取君士坦丁堡

奥斯曼皇帝穆罕默德二世即位时，拜占庭帝国的领土丧失殆尽，财源枯竭，首都君士坦丁堡人口锐减，防务空虚，兵力不足万人，已经丧失了抵御奥斯曼军的力量。为了确保征服君士坦丁堡，穆罕默德二世做了充分的准备。奥斯曼军在君士坦丁堡对岸建立了鲁美利希萨城堡，并使之成为进攻君士坦丁堡的基地。他们还在盖利博卢集结了庞大的舰队。

1453 年，穆罕默德二世指挥 17 万人的大军和数百艘战船，大举进攻君士坦丁堡。鲁美利希萨城堡的奥斯曼军用重炮轰击君士坦丁堡，拜占庭军则利用险要的地势进行抵抗。奥斯曼军从侧翼发起攻击，出其不意地夺取了城门，成功攻下了君士坦丁堡。

清朝

清朝全图（1820 年）

时代总述

明朝后期，活动于我国东北地区的女真族不断发展壮大。1616 年，女真族首领努尔哈赤统一各部，建立后金政权。努尔哈赤及其继任者皇太极接连与明朝作战。天聪九年（1635 年），皇太极改女真为满洲。崇德元年（1636 年），他改国号为“清”。

顺治元年（1644 年），清世祖入关，定都北京。此后，清军南下，消灭了明朝残余势力和反清力量，逐步建立起对全国的统治。康熙时期，清圣祖平定三藩的叛乱，攻灭台湾郑氏政权，与沙俄订立《尼布楚条约》，确定了中俄东段边界。此外，他还多次平定准噶尔部的叛乱。雍正时期，清世宗建立军机房（后改“军机处”），实行摊丁入亩，推行“改土归流”，设置驻藏大臣，继续镇压准噶尔部，划定了中俄中段边界。乾隆时期，清高宗继续用兵准噶尔部，消灭天山南路大小和卓木的势力，镇压大小金川土司的叛乱，抵制西方殖民主义东扩，完成《四库全书》《明史》《续文献通考》《皇朝文献通考》等书籍的编纂。

清圣祖画像

在康熙、雍正、乾隆三朝，清朝进入鼎盛时期，当时的中国经济发展、国力强大、文化发达，有效控制的疆域有所扩大，大一统的中华版图初步奠定，多民族统一的中华民族大家庭最终形成，这一时期被后世称为“康乾盛世”。

清朝统治者认为天朝物产丰富，无所不有，不需要同外国进行经济交流，于是实行了近两百年的闭关锁国政策。19 世纪中期，在完成了工业革命的英法等国，资本主义经济迅速发展。西方列强为了开拓海外市场和

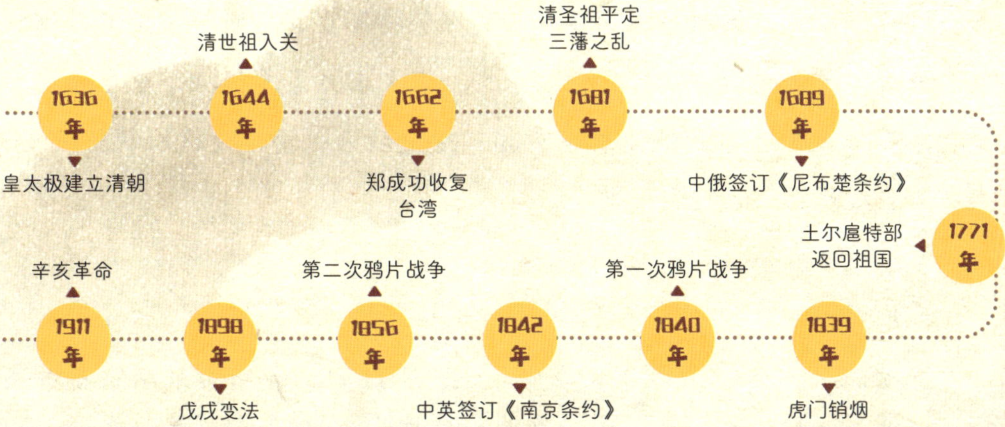

掠夺生产资料，把侵略扩张的矛头指向幅员辽阔的中国。1840 年，英国发动鸦片战争，清政府被迫签订《南京条约》，中国开始沦为半殖民地半封建社会。1856 年，英法联合挑起第二次鸦片战争，进一步加剧了中国的社会危机。面对内忧外患，有识之士推动了洋务运动和戊戌变法等近代化的探索和改革，但都以失败告终。宣统三年（1911 年），资产阶级领导的辛亥革命推翻了清王朝，结束了中国两千多年的君主专制制度。

历史大事与历史现象

山海关之战

明崇祯十七年（1644 年），大顺军攻占北京，明驻守山海关之宁远总兵吴三桂拒绝李自成的招降，还向清政府求救。四月十三日，李自成亲率大军前往征讨。清摄政王多尔衮亦率军由宁远向山海关推进。二十一日，李、吴军战于山海关城下。双方激战终日，未决胜负。次日，大顺军再度猛攻，吴军势将不支。当时，多尔衮已进驻关东一带。吴三桂紧急突围，前去求援，多尔衮才派军参战。李自成率大军与清军、吴军决战。适逢大风骤起，沙尘蔽天，清军趁机以精骑突击，大顺军全线崩溃，被迫退回北京。

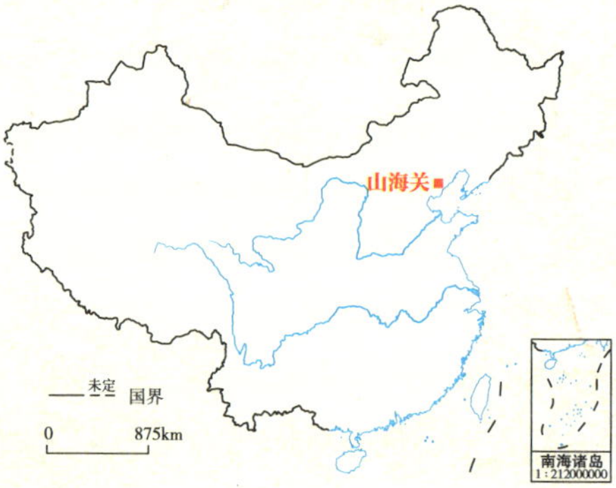

戊戌变法

光绪二十四年（1898 年，戊戌年）6 月 11 日，光绪帝采纳维新派康有为、梁启超等人的主张，下诏“明定国是”，连续发出数十道除旧布新的改革谕令。除旧的部分：废八股，改试策论；废各省书院、祠庙，改为学堂；裁减绿营；裁撤詹事府等重叠机构；准满人自谋生计。布新的部分：办学堂，首先筹办京师大学堂；设中国银行、矿务铁路总局、农工商总局，倡办各种实业；奖励新著作、新发明；设立译局，编译书籍；准许自由开设报馆、组织学会；编制国家预算，公布岁出岁入；广开言路，提倡上书言事，办农会（农业研究机关）、商会等。9月21日，慈禧太后发动政变，囚禁光绪帝，搜捕维新人士，废除变法诏令。戊戌变法失败了。

17 世纪英国资产阶级革命

时代总述

16 世纪至 17 世纪初期，英国的资本主义经济获得较快发展，资产阶级的经济实力日益增强，但是资本主义经济的发展却受到各种形式的束缚和压迫，因此资产阶级和新贵族对斯图亚特王朝产生了强烈不满。

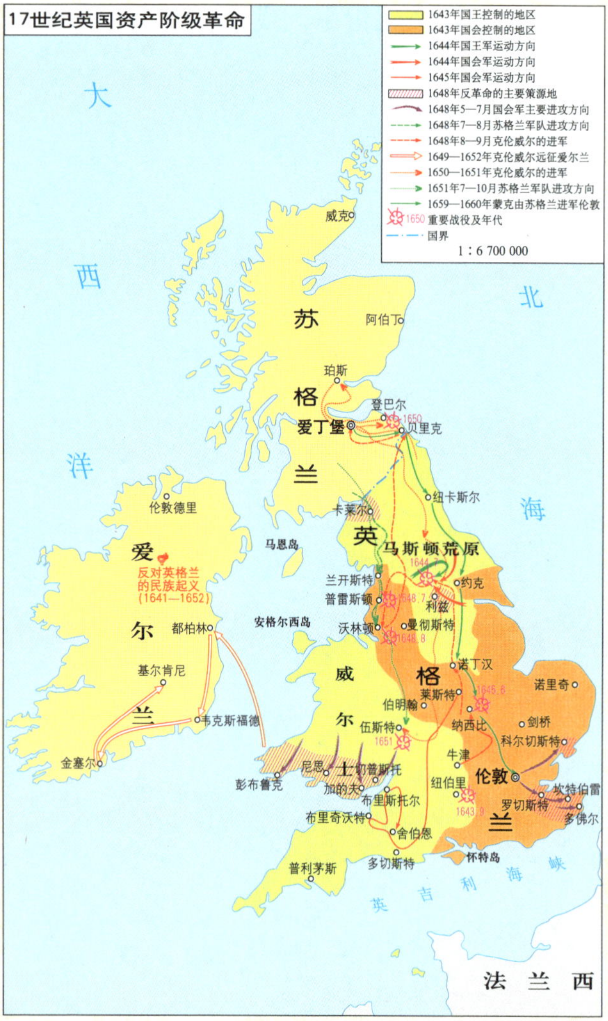

17世纪英国资产阶级革命

1628 年，英国议会起草了《权利请愿书》，要求限制王权。次年，国王查理一世将议会解散。1638 年，苏格兰爆发人民起义。1640 年，查理一世为筹措军费，不得不重新召开议会。议会拒绝筹款，并抗议国王的专横统治，双方矛盾加剧。1642 年，第一次内战爆发。1646 年，克伦威尔率国会军打败了国王军。

第一次内战结束后，代表大资产阶级利益的长老派背叛革命，企图与国王妥协。代表中等资产阶级与新贵族利益的独立派，一面主张继续对国王进行斗争，一面又反对农民与手工业者的民主改革要求，革命阵营发生分裂。国王军乘机于1648年挑起第二次内战，但又被击溃。1649年1月，在人民的压力下，查理一世被处决。同年5月，共和国成立，独立派掌权。农民的土地问题未得到解决。随后，独立派镇压了代表小资产阶级的平等派和代表贫苦农民的掘土派，建立了以克伦威尔为首的资产阶级和新贵族的联合专政。1653年，克伦威尔改共和政体为护国主政体，自任“护国主”，实行军事独裁。克伦威尔死后，统治集团陷于混乱，逃亡国外的查理一世的儿子查理二世乘机策动叛乱，1660年斯图亚特王朝复辟。复辟王朝的反

查理一世画像

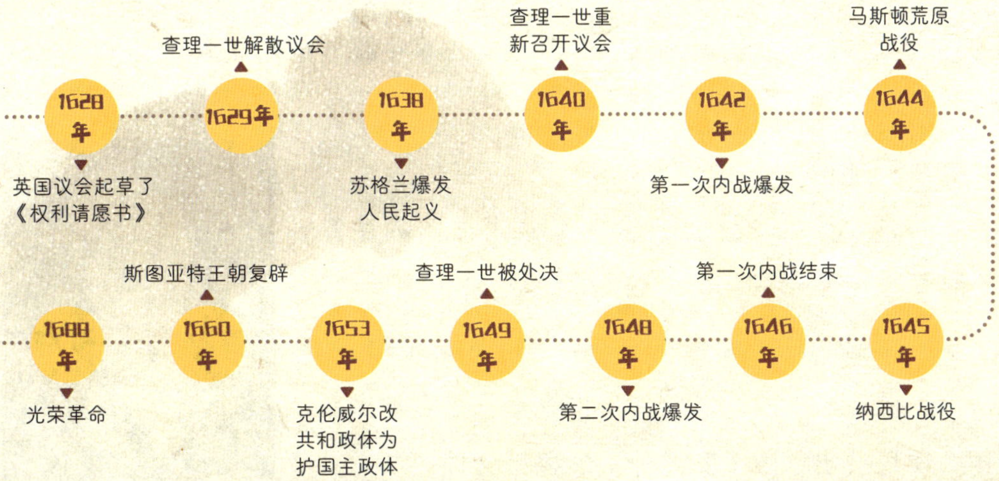
1628年
英国议会起草了《权利请愿书》
1629年
查理一世解散议会
1638年
苏格兰爆发人民起义
1640年
查理一世重新召开议会
1642年
第一次内战爆发
1644年
马斯顿荒原战役
1645年
纳西比战役
1646年
第一次内战结束
1648年
第二次内战爆发
1649年
查理一世被处决
1653年
克伦威尔改共和政体为护国主政体
1660年
斯图亚特王朝复辟
1688年
光荣革命

动政策引起了社会各界的反对。资产阶级、新贵族与部分封建主实行妥协，发动了1688年“光荣革命”，推翻了复辟王朝，建立起土地贵族和大资产阶级联盟的君主立宪政权。历史学上常把17世纪英国资产阶级革命作为世界近代史的开端。

17世纪英国资产阶级革命推翻了封建君主专制，为英国资本主义的发展开辟了道路，并对世界近代历史的发展产生了重要的影响。

历史大事与历史现象

马斯顿荒原战役

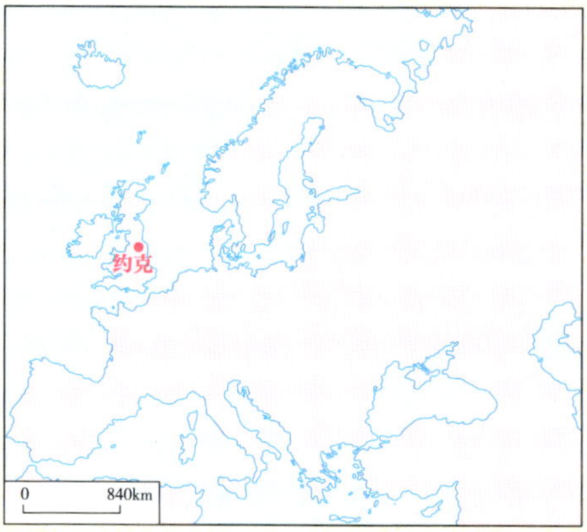

1644年6月，国会军包围约克城。当月月底，鲁珀特亲王率国王军前往解围，并追击国会军至城北约10千米处的马斯顿荒原。7月2日，由克伦威尔指挥的铁骑军和由莱斯利率领的苏格兰军组成联军，在此与国王军交战。一开始，克伦威尔所率骑兵受挫，后得苏格兰军协助，冲入国王军右翼，击溃鲁珀特亲王的骑兵部队，又猛攻国王军中路，全线获胜。

纳西比战役

克伦威尔画像

1645年5月，查理一世率军撤离被围的牛津，克伦威尔率军追击。6月14日，鲁珀特亲王率领国王军，与克伦威尔指挥的国会军在纳西比附近展开决战。国王军战败，其枪支、火炮等几乎全被缴获。国会军还搜出了国王私通外国的秘密文件。

光荣革命

查理二世的继任者是他的弟弟詹姆士二世。后者企图借助法国的力量，恢复天主教会和专制统治，所以与英国议会发生了冲突。1688年，议会迎请王婿荷兰执政威廉三世出兵讨伐詹姆士二世，于是詹姆士二世逃往法国。次年，议会宣布威廉与其妻玛丽二世为英国国王和女王。同时，议会确定《权利法案》，限制王权，建立君主立宪制度。西方史学家称这一事件为“不流血革命”或“光荣革命”。

中华民国

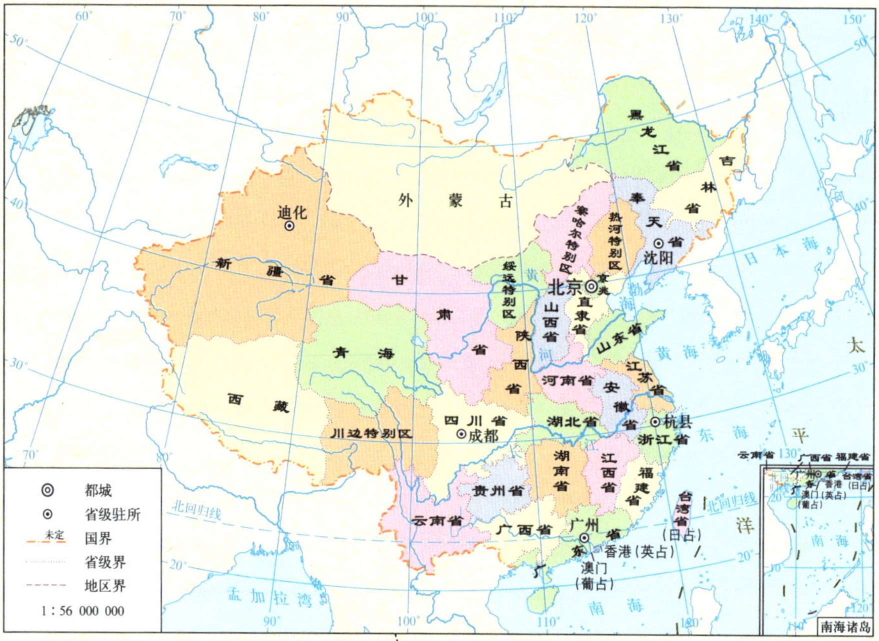

中华民国全图（1926 年）

时代总述

19 世纪末 20 世纪初，清王朝腐朽不堪，列强侵略日深，民族危机严重，进步的中国人纷纷寻求救亡图存之道。1905 年，孙中山等人在日本成立中国同盟会，确定了“驱除鞑虏，恢复中华，创立民国，平均地权”的政治纲领。同盟会成立后，在各省和海外建立革命组织，多次发动武装起义。1911 年 10 月 10 日，武昌新军中的革命党人发动反清起义，起义后各地响应，形成了全国规模的辛亥革命。1912 年 1 月 1 日，孙中山在南京就职临时大总统，宣告中华民国临时政府成立。南京临时政府的成立是孙中山领导的资产阶级民主革命的重要成果，它结束了绵延两千多年的君主专制制度，具有划时代的意义。

不久之后，革命果实被北洋军阀袁世凯窃取，临时政府迁都北京，“北洋政府”成立。1916 年，袁世凯称帝失败，忧惧而死，北洋军阀因而分裂，并连年混战。当时，政局动荡，民不聊生，社会经济遭到了严重破坏。军阀们为争取列强的支持，不惜出卖中国的主权，进一步加深了列强对中国的侵略。

1921 年，中国共产党在上海成立，并在共产国际的帮助下，确立了革命统一战线方针，积极推动国共合作。1924 年，中国国民党召开第一次全国代表大会。会议决定改组国民党，实行“联俄、联共、扶助农工”三大政策，开展国共合作的国民革命。1925 年，孙中山病逝。不久，国民政府在广州成立。1926 年 7 月，国民政府出师北伐。随着北伐战争的节节胜利，国民党反动派不断破坏国共合作。1927 年 4 月，蒋介石在上海发动四一二反革命政变，并在南京建立“国民政府”。此后，汪精卫也背叛了革命。第一次国共合作破裂了。

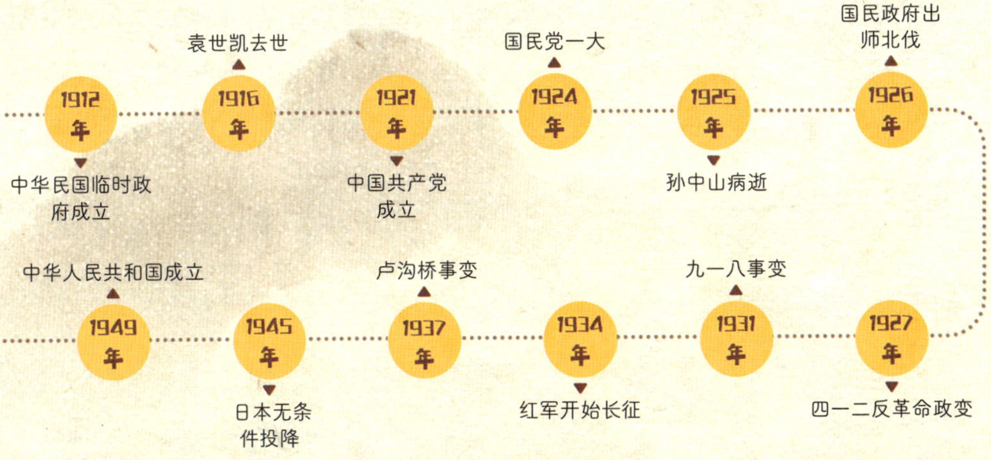

面对危机，共产党人不愿坐以待毙，而是发动了武装起义。毛泽东等人创建农村革命根据地，开展土地革命，探索中国革命的新道路。针对国民党军队的“围剿”，红军进行战略性转移，历经艰难险阻后，胜利完成了长征。1931 年，日本发动九一八事变，这是中国十四年抗日战争的起点。1937 年，日本发动全面侵华战争。此后，国共两党实现第二次合作，建立了抗日民族统一战线。1945 年，在中国人民和世界反法西斯力量的沉重打击下，日本无条件投降。1949 年，中国人民在中国共产党的领导下，推翻国民党政权，建立了中华人民共和国。

历史大事与历史现象

新文化运动

1915 年 9 月，陈独秀在上海创办《青年杂志》(第二卷起改名《新青年》)，在思想文化领域提倡民主和科学，开始了向传统的封建思想、道德、文化宣战的思想启蒙运动，即“新文化运动”。新文化运动的代表人物是陈独秀、李大钊、鲁迅、胡适、吴虞、钱玄同。运动的基本内容如下：提倡民主和科学，反对专制和迷信盲从；提倡个人解放，反对封建礼教；提倡新文学，反对旧文学，实行文学革命。新文化运动猛烈冲击封建主义，广泛宣传民主主义，给辛亥革命失败后沉闷彷徨的思想界带来了巨大的震撼，促进了人民的思想解放。

卢沟桥事变

1937 年 7 月 7 日夜，驻丰台日军诡称演习中“失踪”一名士兵，要求进宛平城搜查，遭拒绝后，即炮轰宛平城，向卢沟桥发起进攻。中国驻军第二十九军奋起抗击。8 日，中国共产党通电全国，号召全民族抗战。11

日，日本政府决定增兵，调关东军及驻朝鲜日军各一部进攻北平，调日本国内陆海军一部进攻天津。17日，蒋介石表示应战。27日，日军陷廊坊、宝珠寺等地。28日，日军猛攻南苑，第二十九军副军长佟麟阁、师长赵登禹殉国。至30日，平津陷落。从此，中国进入了全面抗战的阶段。

第二次世界大战

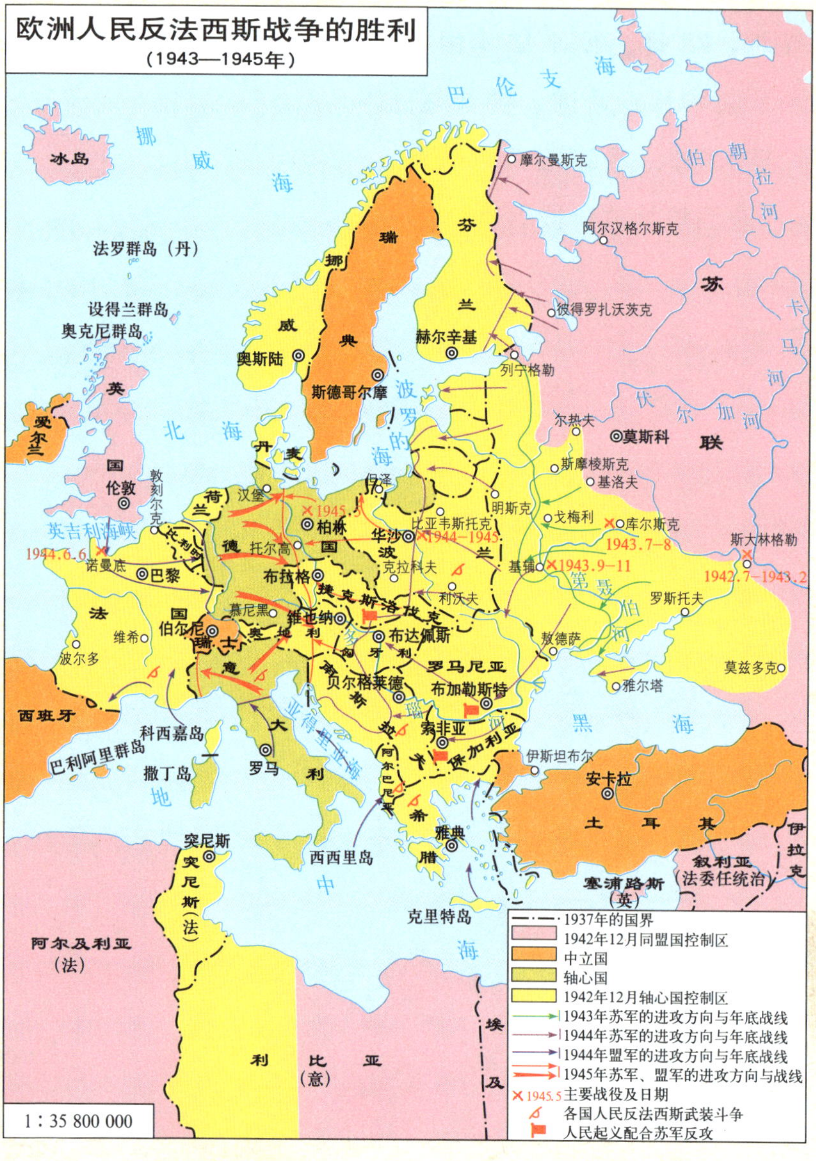
巴伦支海
挪威海
冰岛
法罗群岛（丹）
设得兰群岛
奥克尼群岛
爱尔兰
英国
伦敦
敦刻尔克
北海
英吉利海峡
1944.6.6
诺曼底
巴黎
法国
维希
波尔多
西班牙
巴利阿里群岛
科西嘉岛
撒丁岛
地中海
瑞士
伯尔尼
荷兰
比利时
丹麦
德国
汉堡
柏林
托尔高
布拉格
慕尼黑
奥地利
维也纳
捷克斯洛伐克
匈牙利
布达佩斯
南斯拉夫
贝尔格莱德
阿尔巴尼亚
意大利
罗马
亚得里亚海
西西里岛
希腊
雅典
克里特岛
保加利亚
索非亚
罗马尼亚
布加勒斯特
挪威
奥斯陆
瑞典
斯德哥尔摩
芬兰
赫尔辛基
波罗的海
但泽
波兰
华沙
克拉科夫
利沃夫
比亚韦斯托克
1944—1945
1945
明斯克
列宁格勒
摩尔曼斯克
阿尔汉格尔斯克
彼得罗扎沃茨克
尔热夫
莫斯科
斯摩棱斯克
基洛夫
戈梅利
库尔斯克
1943.7—8
基辅
1943.9—11
第聂伯河
罗斯托夫
斯大林格勒
1942.7—1943.2
敖德萨
雅尔塔
莫兹多克
伯朝拉河
卡马河
伏尔加河
苏联
黑海
伊斯坦布尔
安卡拉
土耳其
叙利亚（法委任统治）
伊拉克
塞浦路斯（英）
突尼斯
突尼斯（法）
阿尔及利亚（法）
利比亚（意）
埃及
1937年的国界
1942年12月同盟国控制区
中立国
轴心国
1942年12月轴心国控制区
1943年苏军的进攻方向与年底战线
1944年苏军的进攻方向与年底战线
1944年盟军的进攻方向与年底战线
1945年苏军、盟军的进攻方向与战线
1945.5 主要战役及日期
各国人民反法西斯武装斗争
人民起义配合苏军反攻
1∶35 800 000
欧洲人民反法西斯战争的胜利
（1943—1945年）

时代总述

1929—1933 年的世界经济危机，激化了德、意、日国内外的矛盾。它们先后在世界各地发动了一系列侵略战争，企图称霸世界。日本在 1931 年侵占中国东北后，又在 1937 年发动全面侵华战争；1938 年，德国吞并了奥地利，又于 1939 年 3 月占领了捷克斯洛伐克；1936 年，意大利吞并了阿比西尼亚，又在 1939 年侵占了阿尔巴尼亚。

1939 年 9 月 1 日，德军向波兰发动进攻。9 月 3 日，英、法对德宣战，世界大战全面爆发。1940 年 4 月，德国侵占丹麦和挪威。1940 年 5 月，德国侵占荷兰、比利时和卢森堡，并攻入法国本土。1940 年 6 月，法国投降。此后，德国加紧侵略东南欧各国，意大利则乘机夺取了英、法在地中海和北非的殖民地。欧洲和非洲被占领国家的人民开展了反法西斯民族解放战争。

1941 年 6 月 22 日，德国撕毁《苏德互不侵犯条约》并进攻苏联，苏德战争爆发。美、英同苏联结成反法西斯同盟。1941 年 12 月 7 日，日本偷袭珍珠港。次日，美、英对日宣战，太平洋战争爆发。仅在半年内，日军就占领了马来亚、新加坡、菲律宾、印度尼西亚、缅甸和太平洋上的许多岛屿。中国人民的坚决抗战使美、英在太平洋战场得以喘息，并坚定了东南亚人民的抗日意志。在欧洲，苏德战场成为大战的主要战场。1943 年 2 月，斯大林格勒会战的胜利根本扭转了大战的战局，鼓舞了世界人民的反法西斯斗志。在此期间，美、英盟军于 1942 年 11 月在北非登陆。1943 年 5 月，他们将德、意军队驱逐出北非，随后在意大利南部登陆。1943 年 9 月 8 日，意大利投降。1944 年 6 月 6 日，美、英盟军在法国诺曼底登陆，开辟了第二战场。自 1944 年下半年起，苏联红军继续追击德军，配合东欧和东南欧各国人民反法西斯的解放斗争。1945 年初，苏联红军和美、英盟军分路攻入德国本土。1945 年 5 月 2 日，苏联红军攻克柏林。1945 年 5 月 8 日，德国无条件投降。

随后，美、英集中力量在太平洋上展开进攻。1945 年 8 月 6 日和 9 日，美国分别在日本的广岛和长崎投下原子弹。苏联也于 1945 年 8 月 8 日对日宣战。中国人民则转入全国规模的对日反攻。在苏联红军和中国人民武装力量的强大攻势下，中国东北各省的日军被迅速消灭。1945 年 8 月 15 日，日本宣布无条件投降，并于 9 月 2 日签署了投降书，第二次世界大战至此结束。

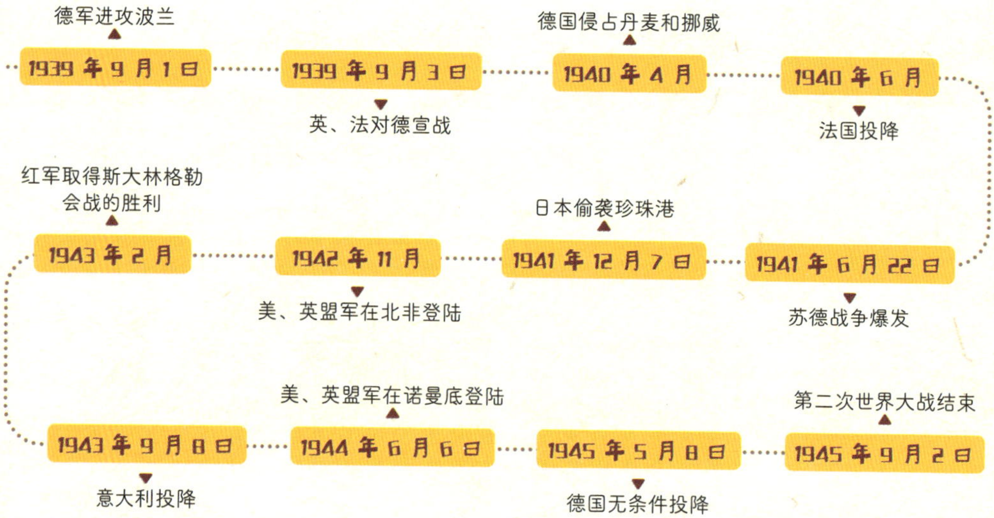
1939 年 9 月 1 日
德军进攻波兰
1939 年 9 月 3 日
英、法对德宣战
1940 年 4 月
德国侵占丹麦和挪威
1940 年 6 月
法国投降
1941 年 6 月 22 日
苏德战争爆发
1941 年 12 月 7 日
日本偷袭珍珠港
1942 年 11 月
美、英盟军在北非登陆
1943 年 2 月
红军取得斯大林格勒会战的胜利
1943 年 9 月 8 日
意大利投降
1944 年 6 月 6 日
美、英盟军在诺曼底登陆
1945 年 5 月 8 日
德国无条件投降
1945 年 9 月 2 日
第二次世界大战结束

历史大事与历史现象

诺曼底登陆

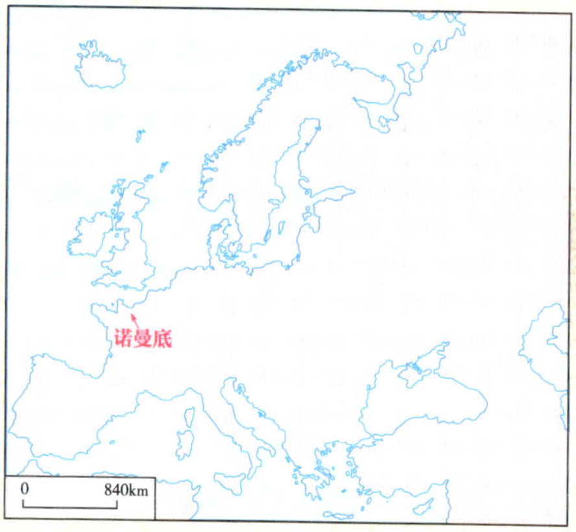
诺曼底
0
840km

第二次世界大战后期，美、英盟军在法国西北部的诺曼底地区成功登陆，进攻德军。登陆行动从 1944 年 6 月 6 日开始，到 7 月 24 日盟军推进至

卡昂、科蒙、圣洛一线，建立战略登陆场为止。

斯大林格勒会战

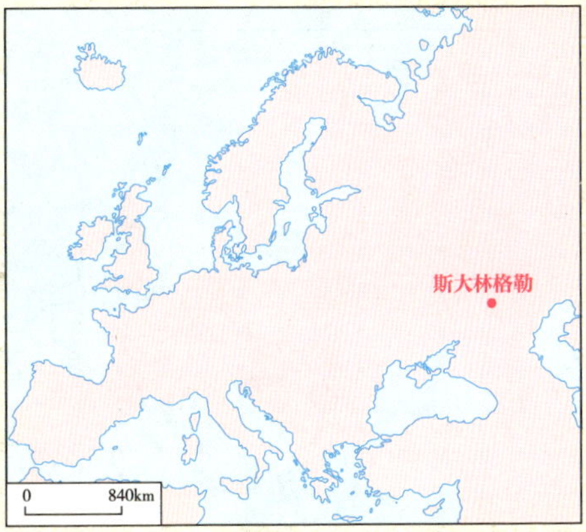

1942年夏，德军在苏德战场西南战线发动攻势，并集中主力进攻斯大林格勒，企图占领该城，切断伏尔加河，控制高加索地区，然后北攻莫斯科。苏联红军在防御阶段（7月17日—11月18日）消灭了大量敌人。11月19日，苏联红军转入反攻，23日包围德军33万人，并于1943年2月2日将其全部歼灭。从此，战略主动权转入红军手中。这一会战是苏德战争和第二次世界大战的转折点。

雅尔塔会议

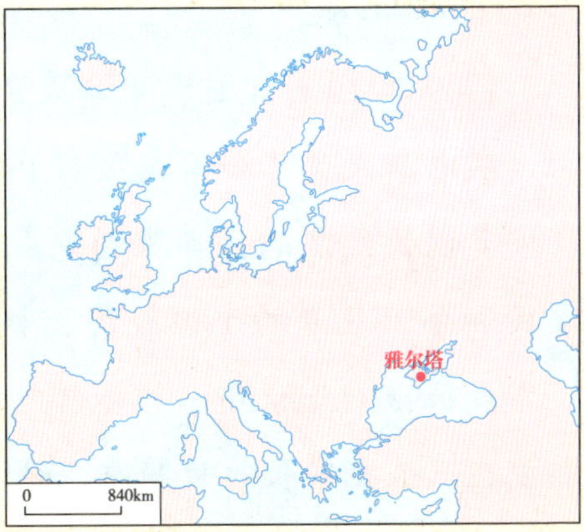

1945年2月4日—11日，苏、美、英三国政府首脑斯大林、罗斯福、丘吉尔在克里米亚半岛的雅尔塔举行会议。会议讨论了关于击败法西斯德国，铲除德国军国主义和纳粹主义，分区占领德国和柏林，苏联对日作战以及战后世界的安排等问题。三国签订了《雅尔塔协定》，发表了《克里米亚声明》。

中华人民共和国

中华人民共和国地图

时代总述

1949 年 10 月 1 日，中华人民共和国成立。

从中华人民共和国成立到 1952 年年底，是中国国民经济的恢复时期。在恢复国民经济的任务胜利完成之后，中国存在着社会主义的国营经济、农民和手工业者的个体经济、私人资本主义经济三种基本经济成分。为了发展社会主义经济，中共中央在 1952 年年底提出了过渡时期的总路线，即要在一个相当长的时期内，逐步实现国家的社会主义工业化，并逐步实现国家对农业、手工业和资本主义工商业的社会主义改造。

到 1956 年年底，中国基本上完成了对农业、手工业和资本主义工商业的社会主义改造，社会主义基本制度在中国建立起来，中国从此进入了社会主义初级阶段。

从 1956 年社会主义改造基本完成到 1966 年“文化大革命”发生，这十年是党领导全国各族人民全面建设社会主义的十年，是党对中国社会主义建设道路艰辛探索的十年。在工业建设方面，按原价计算，1966 年的全国工业固定资产同 1956 年相比，增长了三倍。棉纱、原煤、发电量、钢和机械设备等主要工业产品的产量，都有很大增长。十年间，国家新修铁路 8000 公里。除西藏外，各省、自治区、直辖市都有了铁路，宁夏、青海、新疆等第一次通了火车。

1966—1976 年，发生了“文化大革命”，这给国家造成了许多严重的政治问题和社会问题。粉碎“四人帮”以后，人们要求对“文化大革命”中的冤假错案进行平反，要求纠正“文化大革命”的错误。就在这时，出现了“两个凡是”的方针，它的推行引起了普遍不满。

1978 年 12 月 18 日至 22 日，党的十一届三中全会在北京召开。全会冲破长期“左”的错误的严重束缚，彻底否定“两个凡是”的错误方针，重新确立了党的实事求是的思想路线。

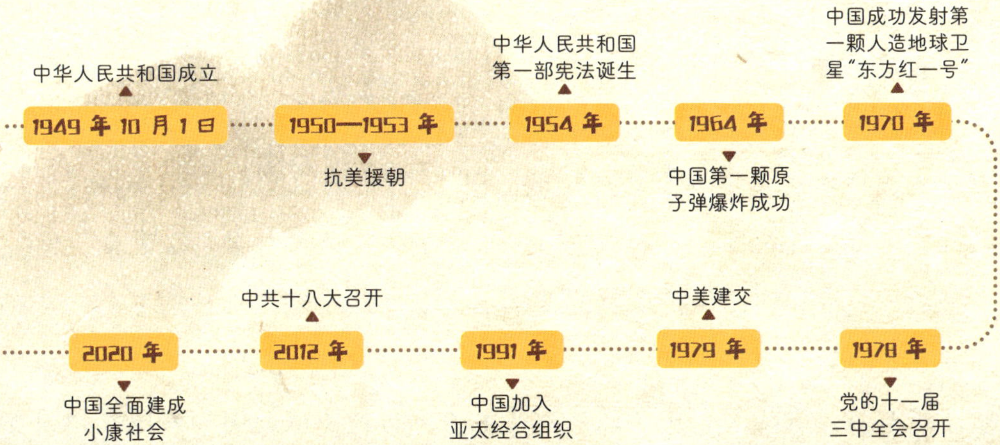

党的十一届三中全会以来，在马克思列宁主义、毛泽东思想、邓小平理论、“三个代表”重要思想、科学发展观和习近平新时代中国特色社会主义思想的指引下，中国以经济建设为中心，坚持四项基本原则，坚持改革开放，建设中国特色社会主义，经济发展取得了举世瞩目的成就。中国是世界上最大的发展中国家，经济发展迅速，国民经济总产值位于世界第二位，成为经济发展最有活力的国家。

历史大事与历史现象

中美建交

1972 年 2 月 21 日，美国总统尼克松一行抵达北京，对中国进行正式访问。当日，毛泽东会见尼克松，双方进行了友好的谈话，为中美关系的缓和与发展定下基调。随后，周恩来和尼克松进行了多次会谈。2 月 28 日，中美双方在上海发表了举世瞩目的《中美联合公报》。至此，两国结束了长期的敌对状态，开始走向关系正常化，这是中美关系史上的一件大事，也对国际形势产生了重大影响。1979 年 1 月 1 日，中美两国正式建立大使级外交关系。

香港、澳门回归祖国

进入改革开放和社会主义现代化建设新时期后，邓小平从维护祖国和中华民族根本利益出发，创造性地提出了“一国两制”的伟大构想。“一国两制”就是在祖国统一的前提下，国家的主体坚持社会主义制度，同时在台湾、香港、澳门保持原有的资本主义制度和生活方式长期不变，享有高度的自治权。

1997 年 7 月 1 日，中国政府对香港恢复行使主权，中华人民共和国香港特别行政区正式成立。1999 年 12 月 20 日，中国正式恢复对澳门行使主权，中华人民共和国澳门特别行政区正式成立。

北京奥运会成功举行

北京奥运会亦称“第二十九届奥林匹克运动会”，是世界性夏季综合运动会，于 2008 年 8 月 8 日—24 日在中国北京举行。比赛设有田径、游泳、体操等 28 个大项、38 个分项、302 个小项。会徽为“中国印”，吉祥物为五个“福娃”，口号为“同一个世界、同一个梦想”，理念为“绿色奥运、科技奥运、人文奥运”。中国体育代表团派出 639 名运动员参赛，获得金牌 51 枚、银牌 21 枚、铜牌 28 枚。中国列金牌榜第一位，取得奥运会奖牌数的历史性突破。

欧盟

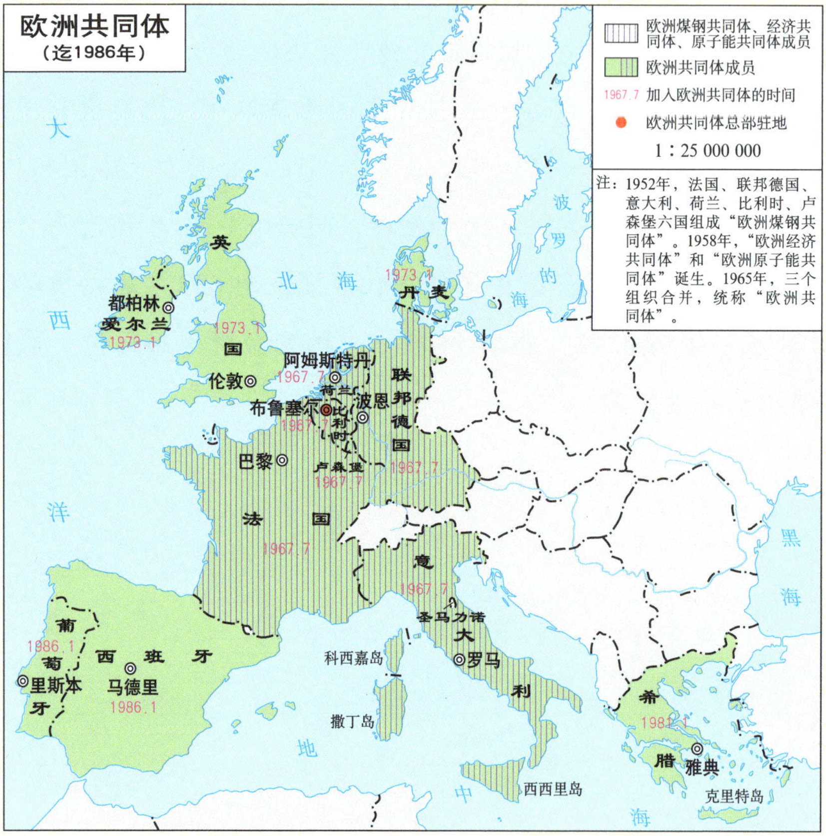

时代总述

第二次世界大战结束后，西欧各国经济衰败。此时，美国成为资本主义世界的霸主，苏联和东欧等社会主义国家也在国际舞台上扮演着重要角色。欧洲一些政治家认为，西欧各国只有联合起来，才可能实现经济复兴，谋求军事安全，并在世界经济、政治中发挥作用。

1951年4月18日，法国、联邦德国、意大利、荷兰、比利时、卢森堡在巴黎签署《建立欧洲煤钢共同体条约》。1952年7月23日，该条约正式生效，欧洲煤钢共同体成立。1957年3月25日，上述6国在罗马签署《建立欧洲经济共同体条约》和《建立欧洲原子能共同体条约》。1958年1月1日，上述两个条约生效，欧洲经济共同体和欧洲原子能共同体同时宣告成立。1965年4月8日，上述6国在布鲁塞尔达成协议，将以上3个共同体的执行机构合并，统称“欧洲共同体”，简称“欧共体”。1967年7月1日，欧共体成立。1973年1月1日，英国、爱尔兰、丹麦加入欧共体。1981年1月1日，希腊加入欧共体。1986年1月1日，西班牙和葡萄牙加入欧共体。

1993年11月1日，以欧共体为基础，欧洲联盟正式成立。1995年1月1日，奥地利、芬兰、瑞典加入欧盟，欧盟成员国的数量扩大为15国。1999年1月1日，欧元区在欧盟内部成立。2004年5月1日，马耳他、塞浦路斯、波兰、匈牙利、捷克、斯洛伐克、斯洛文尼亚、爱沙尼亚、拉脱维亚、立陶宛10国正式加入欧盟。2004年6月18日，欧盟25个成员国在比利时首都布鲁塞尔举行首脑会议，一致通过了欧盟历史上的第一部宪法条约《欧盟宪法条约》，这标志着欧盟在推进政治一体化方面迈出了重要的一步。2007年1月1日，罗马尼亚和保加利亚正式成为欧盟成员国。2007年10月19日，欧盟非正式首脑会议通过了欧盟新条约，从而结束了欧盟长达6年的制宪进程。这一新条约被称为《里斯本条约》。2013年7月1日，克罗地亚正式成为欧盟第28个成员国。

2016年6月23日，英国就是否留在欧盟举行全民公投，投票结果显示支持“脱欧”的票数以微弱优势超过支持“留欧”的票数，此后英国开始了脱离欧盟的历程。2017年12月8日，英国与欧盟达成历史性的脱欧协议。2018年6月26日，英国女王伊丽莎白二世批准脱欧法案成为法律，允许英国退出欧盟。

- 1951年4月18日：法国等6国签署《建立欧洲煤钢共同体条约》
- 1952年7月23日：欧洲煤钢共同体成立
- 1958年1月1日：欧洲经济共同体和欧洲原子能共同体成立
- 1967年7月1日：欧洲共同体成立
- 1993年11月1日：欧洲联盟正式成立
- 1999年1月1日：欧元区成立
- 2004年6月18日：欧盟25个成员国通过了《欧盟宪法条约》
- 2007年10月19日：欧盟非正式首脑会议通过了《里斯本条约》
- 2017年12月8日：英国与欧盟达成历史性的脱欧协议

历史大事与历史现象

《马斯特里赫特条约》

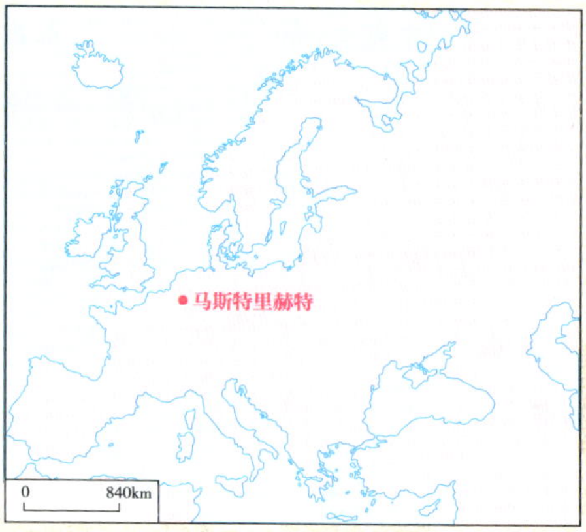

1991年12月，欧共体12国首脑在荷兰马斯特里赫特通过了《马斯特里赫特条约》，其正式名称是《欧洲联盟条约》。这个条约的内容包括：在1999年1月1日前分阶段实现单一货币，并将欧洲经济共同体正式改名为“欧洲共同体”；建立欧洲联盟，成员国国民具有联盟公民的资格；建立成员国间在内政与司法事务上的合作机制。1993年11月1日，条约生效，欧洲联盟成立。